Duden

Einfach klasse in
Französisch

3./4. Lernjahr

Wissen • Üben • Testen

Dudenverlag
Mannheim • Leipzig • Wien • Zürich

Bildnachweis:
Richard Scholz, Schkeuditz: S. 24

Bibliografische Information der Deutschen Nationalbibliothek
Die Deutsche Nationalbibliothek verzeichnet diese Publikation in der Deutschen Nationalbibliografie; detaillierte bibliografische Daten sind im Internet über http://dnb.ddb.de abrufbar.

D C B

Redaktionelle Leitung Annika Renker
Redaktion Elke Spitznagel
Autorin Ulrike Jahn-Sauner

Herstellung Annette Scheerer
Layout Horst Bachmann
Illustration Carmen Strzelecki
Umschlaggestaltung Sven Rauska
Umschlagabbildung mauritius images

Satz Katrin Kleinschrot, Stuttgart
Druck und Bindung Offizin Andersen Nexö Leipzig GmbH
Printed in Germany

ISBN 978-3-411-72821-3

Inhaltsverzeichnis

5 Pronomen

6 Adverbien

7 Satzarten

Lösungen

INHALT

1 Verben

1.1 Regelmäßige Verben

Die meisten französischen Verben gehören zu der **Verbgruppe auf** ***-er (parler).*** Im Präsens lauten die Endungen:

Singular		**Plural**	
je	*parl-e*	*nous*	*parl-**ons***
tu	*parl-es*	*vous*	*parl-**ez***
il / elle	*parl-e*	*ils / elles*	*parl-**ent***

Je parl**e** l'italien.
Tu aim**es** visiter des musées.
Elle regard**e** toujours la télé.
Nous chant**ons** une chanson en anglais.
Vous visit**ez** le Louvre?
Ils appell**ent** leur fils.

Einige Verben auf *-er* haben **Besonderheiten** in der Schreibung der **stammbetonten** Formen:

- ***appeler:*** *j'appelle, tu appelles, il / elle / on appelle, ils / elles appellent*
  Ebenso: *épeler*
- ***acheter:*** *j'achète, tu achètes, il / elle / on achète, ils / elles achètent*
  Ebenso: *peser, lever, (se) promener, amener, peler, enlever*
- ***préférer:*** *je préfère, tu préfères, il / elle / on préfère, ils / elles préfèrent*
  Ebenso: *exagérer, interpréter, répéter, protéger*
- ***payer:*** *je paie, tu paies, il / elle / on paie, ils / elles paient*
  Ebenso: *envoyer, essayer, nettoyer, employer, (s') ennuyer*

Comment est-ce que vous vous appelez? – Je m'appe**ll**e Mme Durand.
Épe**ll**e le mot «le baccalauréat».
Elle ach**è**te des fraises au marché.
Vous pesez les pommes de terre? – Oui, je les p**è**se. – Le matin, je me l**è**ve tôt. – Il prom**è**ne son chien.
Qu'est-ce que vous préférez, une glace ou un fruit? – Je préf**è**re un fruit. – 5 kilos de salade? Tu exag**è**res vraiment. – Je ne comprends pas, rép**è**te la phrase.
Je paie deux cafés. – Elle essaie de faire du ski. – Ils nettoient le tableau.

Wenige Verben auf *-er* haben **Besonderheiten** in der Schreibung der **1. Pers. Pl.** wegen der **Aussprache:**

- ***manger:*** *nous mangeons*
  Ebenso: *bouger, changer, déranger, échanger, nager, ranger, partager, protéger etc.*
- ***commencer:*** *nous commençons*
  Ebenso: *lancer, renoncer* etc.

Beachte auch die von der 1. Pers. Pl. abgeleiteten Zeiten und Formen: *imparfait, gérondif* und *participe présent* (↑ Kap. 2.1 und Kap. 7.4).

eingeschobenes e:
Nous ne boug**e**ons plus. – Nous chang**e**ons d'appartement. – Nous vous dérang**e**ons? – Nous protég**e**ons la nature. – Je rang**e**ais la chambre. – En partag**e**ant notre argent, nous pouvons bien vivre.

cédille:
Nous commen**ç**ons les devoirs. – Nous lan**ç**ons le ballon. – Elle y renon**ç**ait. – Ils commen**ç**aient à lire. – Regarde ce joueur de foot lan**ç**ant le ballon très vite.

Die Endungen der **Verben auf** ***-dre (attendre)*** lauten im Präsens:

Singular		**Plural**	
j'	*attend-s*	*nous*	*attend-**ons***
tu	*attend-s*	*vous*	*attend-**ez***
ils / elle	*attend*	*ils / elles*	*attend-**ent***

J'entend**s** un bruit.
Tu attend**s** tes amis?
L'homme dépend des autres hommes.
Nous perd**ons** la tête.
Vous répond**ez** à ma question?
Ils perd**ent** toujours quelque chose.

Die **regelmäßigen Verben auf** ***-ir*** werden in zwei Gruppen eingeteilt:

- Typ ***dormir*** (ohne Stammerweiterung), der Schlusskonsonant entfällt im Singular:

Singular		**Plural**	
je	*dor-s*	*nous*	*dorm-**ons***
tu	*dor-s*	*vous*	*dorm-**ez***
il / elle	*dor-**t***	*ils / elles*	*dorm-**ent***

Ebenso: *partir, servir, (se) sentir, sortir*

Je te ser**s** un apéritif?
Tu dor**s** déjà?
Ce gâteau sen**t** très bon.
Nous part**ons** en vacances.
Vous vous sent**ez** bien?
Elles sort**ent** tous les soirs.

- Typ ***finir*** mit **Stammerweiterung** ***-ss-*** im Plural:

Singular		**Plural**	
je	*fini-s*	*nous*	***fini-ss-ons***
tu	*fini-s*	*vous*	***fini-ss-ez***
il / elle	*fini-t*	*ils / elles*	***fini-ss-ent***

Ebenso: *agir, applaudir, choisir, réagir, envahir* etc.

Je fini**s** le livre.
Tu réagi**s** à cette action.
Il fini**t** ses devoirs.
Nous l'applaudi**ssons**.
Vous choisi**ssez** le menu à 100 euros?
Les profs fini**ssent** leurs cours.

Merke: Das Verb ***ouvrir*** wird wie die **Verben auf** ***-er*** konjugiert (↑ Tabelle S. 12); ebenso: *couvrir, découvrir, offrir, souffrir.*

J'**ouvre** la bouteille.
La neige **couvre** la montagne.
Luc leur **offre** un café.

Reflexive Verben *(verbes pronominaux)* bestehen aus einem **Reflexivpronomen** *(pronom refléchi)* und einem **Verb.** Beginnt das Verb mit **Vokal** oder stummem ***h,*** so werden die Reflexivpronomen ***me, te, se*** **apostrophiert.**

je **me** lave	nous **nous** lav**ons**
tu **te** lave**s**	vous **vous** lav**ez**
il / elle **se** lave	ils / elles **se** lav**ent**

Elle **s'**amuse. – Je **m'**appelle Annie. – Tu **t'**appelles comment?

- Bei der **Verneinung** und beim **Imperativ** gelten die gleichen Stellungsregeln wie für die **Objektpronomen** (↑ Kap. 5.1).

Sabine **ne se dépêche pas** souvent.
Ils **ne** veulent **pas se promener**.
Nous **n'**allons **pas nous lever** tôt.
Lave-toi.
Ne te lève pas trop tôt.

- Alle reflexiven Verben bilden das *passé composé* **mit être** (↑ Kap. 2.2 *passé composé / accord*).

Marie et sa sœur **se sont disputées**.
Le livre de maths **s'est trouvé** dans le sac.

ÜBUNG 1 In dem Buchstabenbaguette sind vierzehn Verbformen versteckt. Ergänze das Personalpronomen und schreibe die Formen sowie den Infinitiv in dein Übungsheft. In zwei Fällen musst du auch das Reflexivpronomen ergänzen.

ÜBUNG 2 Bilde zu den Infinitiven die entsprechenden Formen im Präsens.

payer	nous paions	servir	il
agir	tu agis	partir	vous
lancer	nous	applaudir	ils
répondre	elles	ranger	nous
offrir	tu	protéger	elle
commencer	nous	entendre	je

ÜBUNG 3 Formenstaffel: Bilde die richtige Form. Am Ende muss die gleiche Form wie am Anfang stehen.

lever (1. Pers. Sg.) je lève → (3. Pers.) il lev → (Pl.) ______ → (1. Pers.) ______ → (2. Pers.) ______ → (Sg.) ______ → (1. Pers.) ______

perdre (3. Pers. Sg.) ______ → (Pl.) ______ → (2. Pers.) ______ → (1. Pers.) ______ → (Sg.) ______ → (2. Pers.) ______ → (3. Pers.) ______

finir (1. Pers. Pl.) ______ → (3. Pers.) ______ → (2. Pers.) ______ → (Sg.) ______ → (3. Pers.) ______ → (1. Pers.) ______ → (Pl.) ______

ÜBEN

ÜBUNG 4 **Welche Form liegt auf der anderen Seite des Würfels? Vertausche Singular und Plural. Schreibe in dein Übungsheft.**

1.
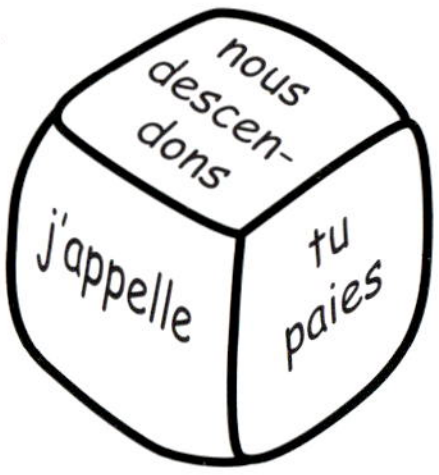

2.
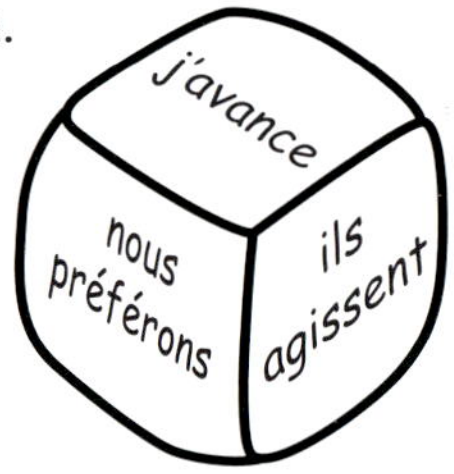

3.
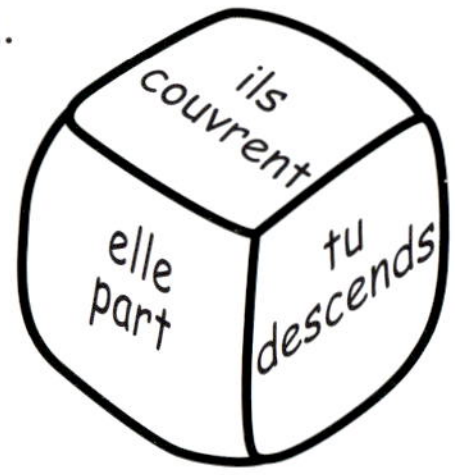

ÜBUNG 5 **Übersetze die Verbformen. Die markierten Buchstaben ergeben als Lösungswort den Namen von Paris zur Zeit von Asterix und Obelix.**

1. sie buchstabieren: ils / elles ________
2. er öffnet: il ______
3. wir gehen weg: nous _______
4. ich fühle: je ____
5. sie schläft: elle ____
6. du zahlst: tu _____
7. wir schwimmen: nous _______

Lösung: ________

ÜBUNG 6 **Setze die Verben in der passenden Form in den Text ein.**

Ce matin, Christine ________ (se lever) très tôt parce que c'est le marché aujourd'hui. Elle ________ (appeler): «Luc, est-ce que tu ________ (dormir) encore?» Luc: «Moi, je ________ (préférer) rester au lit, et toi, tu ________ (ranger) la maison et tu ________ (nettoyer) la cuisine. Après, je ________ (se promener) un peu, et toi, tu ________ (acheter) des fruits au marché.» – Christine: «Non, d'abord, nous ________ (ranger) ensemble, puis nous ________ (choisir) les fruits au marché et nous ________ (se promener). ________ (commencer, *Imperativ 1. Pers. Pl.*).» Au marché, ils ________ (découvrir) des fruits très frais. Le commerçant les ________ (servir): «Qu'est-ce que je vous ________ (offrir)?» – Christine ________ (répondre): «Je voudrais trois kilos de bananes.» Luc ________ (réagir) tout de suite: «Mais tu ________ (exagérer), c'est trop!» Christine: «D'accord, j' ________ (acheter) un kilo de bananes.» Le commerçant ________ (peser) les bananes.

ÜBUNG 7 Achtung: Eindringling! Suche alle falschen Verbformen und schreibe sie korrigiert in dein Übungsheft.

ACHTUNG FEHLER

je dormis – nous servons – elle ouvre – tu sentes – vous répondez – nous mangons – vous paiez – il perde – nous agissons – elle répéte – j'offre – tu perdes – vous lancez – nous pèsons

WISSEN +

Manche Präsensformen musst du dir ganz besonders merken, da sie zur **Ableitung anderer Verbformen** verwendet werden:

- **Infinitiv:** *futur simple* (↑ Kap. 2.4) und *participe passé* (↑ Kap. 2.2),
- **1. Person Singular:** Imperativ Sg.,
- **1. Person Plural:** Imperativ 1. Pers. Pl., *imparfait* (↑ Kap. 2.1) und *participe présent / gérondif* (↑ Kap. 7.4).

finir → je finirai
parler → parlé
je regarde → regarde
nous sortons → sortons
nous finissons → nous finissions
nous dormons → (en) dormant

ÜBUNG 8 Finde die Schlüsselformen zu den folgenden Verben.

	Infinitiv	1. Pers. Sg. Präsens	1. Pers. Pl. Präsens
il répète			
tu agis			
ils essaient			
vous protégez			
elles dorment			

ÜBUNG 9 Übersetze die folgenden Sätze und schreibe sie in dein Übungsheft.

1. Wir bieten Paul einen Kaffee an, doch müssen wir zuerst eine Tasse reinigen.
2. Ich buchstabiere das Wort „Hund“. Buchstabiert bitte „wir wählen aus“!
3. Wiederholt den Satz: „Wir werfen den Ball.“
4. Er führt lieber seinen Hund spazieren, während wir lieber schlafen.
5. Wir ziehen nach Valence um *(déménager)*. Unser Vater kauft dort eine Wohnung.

ÜBEN

1.2 Unregelmäßige Verben

Im Französischen gibt es viele unregelmäßige Verben. Auf den folgenden Seiten findest du eine Zusammenstellung der wichtigsten dieser Verben.

Qu'est-ce que vous **faites?**
Nous **buvons** du café et du thé.
Mon frère **conduit** bien.

Verben, bei denen fast alle Formen unregelmäßig sind

Merke dir besonders die Formen der folgenden Verben:

- **Hilfsverben *avoir, être*** und ***aller,*** mit denen du die ***zusammengesetzten Zeiten*** bildest (↑ Kap. 2.2 *passé composé, plus-que-parfait;* Kap. 2.4 *futur composé*).
- **Modalverben *devoir, pouvoir, savoir*** und ***vouloir,*** nach denen ein **Infinitiv** steht (↑ Kap. 7.2 Infinitivkonstruktionen).

Nous **avons dansé** à la fête.
Elle **est allée** voir sa tante à Dijon.
Demain, nous **allons faire** un voyage.

Tu **dois** m'attendre à la gare.
Vous **pouvez** nous aider?
Paul **veut** regarder la télé chaque soir.

Es gibt eine Reihe von Verben, die auf *-re* enden, jedoch ganz unterschiedlich konjugiert werden:
boire (trinken), *croire* (glauben), *interrompre* (unterbrechen), *naître* (geboren werden), *plaire* (gefallen), *suffire* (genügen), *suivre* (folgen) etc.

Elle **boit** un café, nous **buvons** du thé. – Vous me **croyez?** – Oui, je vous **crois.** – Vous **interrompez** le concert? – Oui, je l'**interromps.** – Le bébé **naît** à Toulon. Tu y **es né** aussi? – S'il te **plaît,** aide-moi. – Les tableaux te **plaisent.** – Cela **suffit!** – Les bananes te **suffisent?** – Vous me **suivez?** – Je vous **suis** bien sûr!

Verben mit gewissen Regelmäßigkeiten

Manche Verben werden ähnlich konjugiert (Tabelle S. 11 f.), z. B:

- ***mettre*** und ***battre,***
- ***tenir*** und ***venir,***
- ***conduire*** und ***construire,***
- ***craindre*** (fürchten), ***se plaindre*** (sich beklagen) und ***peindre*** (malen).

Vous **mettez** la table? – Oui, je la **mets.**
Paul **bat** Pierre. Ils se **battent** toujours.
Vous **venez** me voir? – Non, je ne **viens** pas. – Nous **tenons** notre parole (Wort halten). Il ne la **tient** jamais.
Elle **conduit** bien mais ses parents **conduisent** mal. – Il **construit** une maison. Ses amis **construisent** une villa.
Ils **craignent** la nuit. Tu la **crains** aussi? – Ils **se plaignent** toujours. Je ne **me plains** pas.
Vous **peignez** un tableau.

WISSEN

Infinitiv; ebenso	**Präsens**		**passé composé;** Imperativ
accueillir (empfangen)	j'accueille il accueille	nous accueillons ils accueillent	j'ai accueilli
aller (gehen); s'en aller	je vais tu vas il va	nous allons vous allez ils vont	je suis allé(e); va
s'asseoir (sich setzen)	je m'assois / assieds il s'assoit / assied	nous nous asseyons / assoyons ils s'assoient / asseyent	je me suis assis(e); assieds-toi
avoir (haben)	j'ai tu as il a	nous avons vous avez ils ont	j'ai eu; aie / ayons / ayez
battre (schlagen); abattre	je bats il bat	nous battons ils battent	j'ai battu
boire (trinken)	je bois il boit	nous buvons ils boivent	j'ai bu
conduire (fahren); construire; traduire	je conduis il conduit	nous conduisons ils conduisent	j'ai conduit
connaître (kennen); (ap)paraître, naître	je connais il connaît	nous connaissons ils connaissent	j'ai connu; j'ai paru, je suis né(e)
craindre (fürchten); se plaindre	je crains il craint	nous craignons ils craignent	j'ai craint
croire (glauben)	je crois il croit	nous croyons ils croient	j'ai cru
devoir (müssen)	je dois il doit	nous devons ils doivent	j'ai dû
dire (sagen)	je dis tu dis il dit	nous disons vous dites ils disent	j'ai dit
écrire (schreiben); décrire	j'écris il écrit	nous écrivons ils écrivent	j'ai écrit
envoyer (schicken)	j'envoie il envoie	nous envoyons ils envoient	j'ai envoyé
être (sein)	je suis tu es il est	nous sommes vous êtes ils sont	j'ai été
faire (machen)	je fais tu fais il fait	nous faisons vous faites ils font	j'ai fait
falloir (müssen); valoir	il faut		il a fallu
fuir (fliehen, meiden); s'enfuir	je fuis il fuit	nous fuyons ils fuient	j'ai fui je me suis enfui(e)
interrompre (unterbrechen)	j'interromps il interrompt	nous interrompons ils interrompent	j'ai interrompu

Infinitiv; ebenso	Präsens		passé composé; Imperativ
lire (lesen)	je lis il lit	nous lisons ils lisent	j'ai lu
mettre (setzen, legen); promettre, permettre	je mets il met	nous mettons ils mettent	j'ai mis
mourir (sterben)	je meurs il meurt	nous mourons ils meurent	je suis mort(e)
offrir (anbieten); ouvrir, (dé)couvrir, souffrir	j'offre tu offres il offre	nous offrons vous offrez ils offrent	j'ai offert
plaire (gefallen)	je plais il plaît	nous plaisons ils plaisent	j'ai plu
pleuvoir (regnen)	il pleut		il a plu
pouvoir (können)	je peux il peut	nous pouvons ils peuvent	j'ai pu
prendre (nehmen); apprendre	je prends il prend	nous prenons ils prennent	j'ai pris
recevoir (empfangen); s'apercevoir, décevoir	je reçois il reçoit	nous recevons ils reçoivent	j'ai reçu
rire (lachen); sourire	je ris il rit	nous rions ils rient	j'ai ri
savoir (wissen)	je sais il sait	nous savons ils savent	j'ai su; sache / sachons / sachez
suffire (genügen)	je suffis il suffit	nous suffisons ils suffisent	j'ai suffi
suivre (folgen)	je suis il suit	nous suivons ils suivent	j'ai suivi
se taire (schweigen)	je me tais il se tait	nous nous taisons ils se taisent	je me suis tu(e)
tenir	je tiens il tient	nous tenons ils tiennent	j'ai tenu
vaincre (siegen); convaincre	je vaincs il vainc	nous vainquons ils vainquent	j'ai vaincu
venir (kommen); devenir, revenir, se souvenir de	je viens il vient	nous venons ils viennent	je suis venu(e)
vivre (leben); survivre	je vis il vit	nous vivons ils vivent	j'ai vécu
voir (sehen); revoir	je vois il voit	nous voyons ils voient	j'ai vu
vouloir (wollen)	je veux il veut	nous voulons ils veulent	j'ai voulu veuillez

ÜBUNG 10 Übersetze die Verbformen und nenne den Infinitiv. Du findest die richtigen Verbformen, wenn du die Schnipsel zusammensetzt. Zwei Formen bleiben am Schluss übrig.

vons	sons	nt	vent	vent	vien	vou	a	na
cro	pla	craig	peu	nent	bo	lez	con	
doi	tie	strui	nons	yons	ît	ît	it	

1. wir haben:	nous avons	2. er trinkt:	il boit
3. wir glauben:	nous croyons	4. er gefällt:	il plaît
5. sie wird geboren:	elle va née	6. sie können:	ils connaient
7. sie müssen:	ils doivent	8. sie hält:	
9. wir fürchten:		10. wir bauen:	
Übrig bleiben:			

ÜBUNG 11 Ergänze die fehlenden Verbformen.

recevoir	je recoit	s'apercevoir	nous
conduire	elle	rire	il
suivre	je	fuir	vous
suffire	il	se plaindre	je
plaire	elles	courir	tu
naître	ils	interrompre	vous
mourir	elle	être	je

WISSEN+

Doppelgänger: ***je suis***

Die Verben *être* und *suivre* lauten in der 1. Pers. Sg. Präsens gleich!

Je **suis** petit. – Ich bin klein.
Je **suis** mon père. – Ich folge meinem Vater.

ÜBUNG 12 **Buchstabensalat: Finde sechs unregelmäßige Imperative und schreibe den Infinitiv dazu (↑ Tabelle S. 11 f.).**

1. CEHSA
2. ZYEA
3. IAE
4. AV
5. UOVS-YZEESAS
6. OTI-DESSSAI

ÜBUNG 13 **Verbslalom: Ergänze die fehlenden Verbformen.**

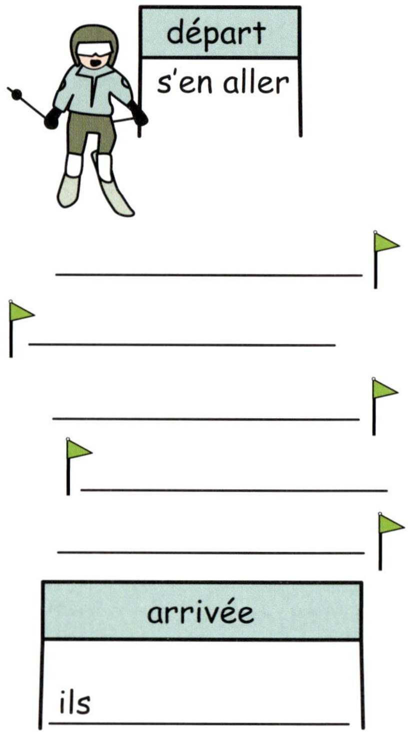

ÜBUNG 14 **In jeder Reihe steckt ein „Störenfried“: Streiche ihn durch und schreibe die korrigierte Form in dein Übungsheft.**

ACHTUNG FEHLER

1. ils deviennent – elle sait – il vie
2. tu suis – tu es – tu saies
3. vous disez – vous faites – elle rit
4. vous accueillez – elle recevoit – il connaît
5. ils batte – elle met – ils traduisent
6. ils font – ils ont – ils allent – ils sont
7. nous croions – il craint – il voit
8. nous comprendons – il prend
9. ils se souviennent – vous tienez
10. nous construisons – tu conduises

ÜBUNG 15 **Bilde zu den folgenden Infinitiven das *participe passé*.**

1. naître: ___
2. croire: ___
3. connaître: ___
4. fuir: ___
5. craindre: ___
6. mourir: ___
7. voir: ___
8. vivre: ___
9. interrompre: ___
10. suivre: ___

ÜBUNG 16 **Setze das Verb in der richtigen Form ein.**

1. Nous ___ (connaître) nos correspondants anglais depuis longtemps. Chaque semaine, nous ___ (recevoir) des lettres qu'on ___ (traduire) pour nos parents. Ils ne ___ pas (comprendre) l'anglais.
2. Ce ___ (être) vraiment un accident grave: beaucoup de gens ___ (mourir) et peu de personnes ___ (survivre) à cette catastrophe.
3. Vous ___ (faire) toujours des blagues et des bêtises, les enfants. Ça ___ (suffire) maintenant. Votre comportement *(Verhalten)* me ___ (décevoir, *enttäuschen*)!
4. Marc est terrible! Il ___ (se plaindre) toujours, il ___ (conduire) mal, il nous ___ (battre) et il nous ___ (suivre) toujours, bref *(kurz gesagt)*, il ne nous ___ (plaire) pas du tout!

ÜBUNG 17 **Übersetze die folgenden Sätze und schreibe sie in dein Übungsheft.**

1. In seinem Buch beschreibt der Autor das Leben seiner Freunde Pierre und Charles.
2. Setzt euch, bitte! Wir lesen jetzt zwei Geschichten, die euch sicher gefallen.
3. Kennt ihr den Bruder von Mathilde? – Nein, wir kennen ihn nicht, aber wir wissen, dass er Arzt wird.
4. Heute Abend empfangen wir viele Gäste. Gilles kommt auch. Erinnern Sie sich an ihn? – Nein, ich erinnere mich nicht an Gilles. Ist das der Mann, der Brücken baut und sich vor Schlangen fürchtet *(craindre qc)*?

Check-up Verben

45 Minuten

AUFGABE 1 **Finde die passenden Endungen zu den Verben.**

ssons - e - s - e - es - t - ssez - ons - ons - ent - s - ment - es - mons - e

ouvrir:	j'ouvr ___	tu ouvr ___	il ouvr ___
finir:	nous fini ___	vous fini ___	il fini ___
chanter:	je chant ___	tu chant ___	nous chant ___
attendre:	nous attend ___	tu attend ___	ils attend ___
dormir:	je dor ___	nous dor ___	elles dor ___

AUFGABE 2 **Ergänze die fehlenden Verbformen.**

1. tu finis → elle ___
2. elle découvre → tu ___
3. il lance → nous ___
4. je pèse → vous ___
5. vous réagissez → je ___
6. il envoie → nous ___
7. vous entendez → il ___
8. elle comprend → ils ___
9. tu bouges → nous ___
10. ils remplacent → nous ___
11. je répète → elles ___
12. nous souffrons → je ___
13. elles choisissent → tu ___
14. elle paie → vous ___

AUFGABE 3 **Wie lautet der Infinitiv der folgenden Verben? Schreibe in dein Übungsheft.**

je vois
il va
nous naissons
nous croyons
il vainc
elle bat

tu vis
nous écrivons
il meurt
vous accueillez
ils agissent

elle suit
il suffit
ils se plaignent
il connaît
tu veux

AUFGABE 4 **Welches Verb passt? Setze es in der richtigen Form ein.**

suivre – faire – s'asseoir – s'en aller – lire – interdire

1. Il nous ______ de regarder la télé.
2. À cinq heures et demie, je ______.
3. Mon chien me ______ toujours quand nous ______ une promenade.
4. Chaque soir, elle ______ le journal.
5. Mes grands-parents ______ dans leurs fauteuils.

AUFGABE 5 **Füge die richtige Verbform ein.**

1. Vous ______ (faire) beaucoup de blagues et nous ______ (rire) souvent.
2. Mes amis ______ (vivre) en France, ma sœur ______ (vivre) en Angleterre et ma mère me ______ (promettre) de rendre visite à ma tante en Suisse.
3. Quand les Durand ______ (s'en aller), ils ne ______ jamais (sourire).
4. Mes voisins me ______ (suivre) toujours. On se ______ (revoir) tous les jours. Nous ______ (partager) le jardin à côté de l'immeuble. Nous le ______ (ranger) toujours mais les voisins ______ (promettre) toujours de le faire.
5. Je ______ (connaître) une femme qui ______ (prévoir) l'avenir.
6. Aujourd'hui, nous ______ (recevoir) des invités.
7. Tu ______ (devenir) grand, tu ______ (grandir) chaque jour.

AUFGABE 6 **Übersetze die folgenden Sätze und schreibe sie in dein Übungsheft.**

1. Meine Freundin lebt seit drei Jahren in Italien, meine Großeltern leben seit einem Jahr in der Provence.
2. Ihr lauft schnell, ich folge euch nicht mehr. Jetzt setze ich mich hin und warte auf euch.
3. Siehst du Annick? – Nein, ich sehe Simone. Sie öffnet eine Flasche Wein, da sie ihren Freunden einen Aperitiv anbietet. Annick deckt *(mettre)* vielleicht den Tisch oder putzt die Küche.
4. Ich verstehe dich nicht. Du lächelst immer. Ich lache selten und fliehe vor den Menschen *(fuir qn)*.

Zeiten

2.1 *Imparfait*

Im Französischen verwendet man das ***imparfait*** zur Beschreibung von Handlungen und Zuständen in der Vergangenheit (zum Gebrauch ↑ Kap. 2.3).	Quand mes parents **avaient** notre âge, ils **écoutaient** les chansons d'Édith Piaf.
Man leitet das ***imparfait*** von der **1. Person Plural Präsens** ab, indem man die Endung *-ons* durch die folgenden Endungen ersetzt: **Singular** *je* ***...-ais*** *tu* ***...-ais*** *il / elle / on* ***...-ait*** **Plural** *nous* ***...-ions*** *vous* ***...-iez*** *ils / elles* ***...-aient*** *Merke:* Diese Regel gilt für alle Verbgruppen (auf *-er*, *-ir* und *-(d)re*). Fast alle unregelmäßigen Verben bilden das ***imparfait*** auf diese Weise.	parler: nous parlons → parl- *(= Verbstamm)* je parl**ais** — nous parl**ions** tu parl**ais** — vous parl**iez** il / elle / on parl**ait** — ils / elles parl**aient** chercher: nous cherch-ons → je cherch**ais** sortir: nous sort-ons → tu sort**ais** attendre: nous attend-ons → il attend**ait** avoir: nous av-ons → nous av**ions** faire: nous fais-ons → vous fais**iez** recevoir: nous recev-ons → ils recev**aient** répéter: nous répét-ons → elles répét**aient**
Achtung: Folgende Verben bilden eine Ausnahme: ***être***, ***falloir*** (nötig sein), ***pleuvoir*** (regnen).	être: j'**étais** — nous **étions** tu **étais** — vous **étiez** il / elle / on **était** — ils / elles **étaient** falloir: il faut → il **fallait** pleuvoir: il pleut → il **pleuvait**
Bei den Verben ***manger***, ***ranger*** und ***commencer*** gibt es eine Besonderheit: Vor den Vokalen ***a***, ***o*** und ***u*** muss wegen der Aussprache bei ***manger*** und ***ranger*** ein ***e***, bei ***commencer*** ein ***cédille*** eingefügt werden.	je mangeais — nous mangions tu mangeais — vous mangiez il mangeait — ils mangeaient je commençais — nous commencions tu commençais — vous commenciez il commençait — ils commençaient

ÜBUNG 1 **Setze die richtigen Verbformen ein.**

	1. Person Plural Präsens	imparfait
tu prends		
ils ouvrent		
elles sortent		
vous mettez		
tu fais		
je réfléchis		
il dit		
elle répète		
ils sont		
elles appellent		

ÜBUNG 2 **Die Großmutter erzählt aus ihrer Kindheit. Setze die entsprechenden Verbformen im *imparfait* ein.**

J' ______ (avoir) neuf ans. Chaque automne, nous ______ (passer) les vacances chez mon oncle et ma tante en Auvergne. Il y ______ (avoir) beaucoup de volcans. J' ______ (aimer) faire des promenades dans la forêt. Mon oncle ______ (être) aimable et il m' ______ (accompagner) toujours. Avec Lucille, la fille des voisins, je ______ (faire) du vélo et nous ______ (nager) dans le fleuve qui ______ (passer) par le village. J' ______ (être) très heureuse parce que ma tante nous ______ (préparer) des gâteaux formidables. Le week-end, nous ______ (manger) dans un petit restaurant qui ______ (s'appeler) «Le cheval noir». Quel temps heureux!

2.2 *Passé composé* und *plus-que-parfait*

Das französische ***passé composé*** und das ***plus-que-parfait*** haben wie das deutsche Perfekt und das Plusquamperfekt zwei Bestandteile:
- konjugiertes Hilfsverb ***avoir / être*** und
- ***participe passé** (p.p.).*

Léa **ist** nach Hause **gegangen.**
Er **hatte** ein Buch **gelesen.**

Hilfsverb + participe passé

Léa **est** **rentrée** à la maison.
Il **avait** **lu** un livre.

Das ***participe passé*** wird folgendermaßen gebildet:
- Verben auf ***-er*** → **... *-é***
- Verben auf ***-dre*** → **... *-du***
- Verben auf ***-ir*** → **... *-i***

trouver → trouv**é**
perdre → perd**u**
finir → fin**i**

In ↑ Kap. 1.2 findest du die wichtigsten **unregelmäßigen Formen** des *p.p.*

mettre → **mis**
faire → **fait**

Passé composé

Im *passé composé* steht das Hilfsverb im Präsens. Die meisten Verben bilden das *passé composé* mit ***avoir.***

J'**ai lavé** la vaisselle. – Nous **avons pris** un café. – Sabine **a cherché** son stylo. – Elle **a réfléchi.** – Puis, elle l'**a trouvé.**

Mit dem Hilfsverb ***être*** stehen:
- Verben der **Bewegungsrichtung,** auch **„Häuschenverben“** genannt: ***aller*** (gehen), ***arriver*** (ankommen), ***descendre*** (hinabsteigen), ***entrer*** (eintreten), ***monter*** (hinaufsteigen), ***partir*** (fortgehen), ***rentrer*** (zurückkommen), ***rester*** (bleiben), ***retourner*** (zurückkehren), ***revenir*** (zurückkommen), ***sortir*** (verlassen), ***tomber*** (fallen), ***venir*** (kommen).

Il **est monté** et après, il **est descendu.**
Je **suis allé** à la piscine où j'**ai nagé** toute la matinée.

Achtung: Die Verben der **Bewegungsart** stehen jedoch **mit *avoir,*** z.B. *courir* (rennen), *marcher* (gehen) und *nager* (schwimmen).

- reflexive Verben (verbes pronominaux).

Il **s'est lavé.** – Nous ne **nous sommes** pas **amusés.** – Tu **t'es amusé,** Luc?

Beim *passé composé* mit *être* wird das ***participe passé*** an das **Subjekt** des Satzes **angeglichen *(accord)*.** Dazu werden an das *p.p.* folgende Endungen angehängt: **Singular** **Plural** mask. – ...-*s* fem. ...-*e* ...-*es* *Achtung:* Ist ein männliches Wesen in der Subjektgruppe, so richtet sich das *p.p.* nach ihm (Maskulinum Plural).	*Singular:* Marc n'**est** pas **rentré** à la maison. Laure **est allée** à Paris. Plural: Marc et son frère **sont rentrés** à l'école. Laure et Ludivine **sont allées** chez Pierre. Marc, Laure et Ludivine **sont allés** à Lyon.
Bei den reflexiven Verben wird das *p.p.* nur **verändert**, wenn das **Reflexivpronomen** ein **direktes Objekt** *(wen oder was?)* ist.	Elle s'est lavé**e**. *(Wen oder was hat sie gewaschen?* se = *dir. Objekt)* Elle s'est lavé **les mains.** *(Wem hat sie die Hände gewaschen?* se = *indir. Objekt)*
Geht dem Hilfsverb ***avoir*** ein direktes Objekt *(wen oder was?)* in Form eines **Objektpronomens,** eines **Fragepronomens** oder eines **Relativpronomens** voran, so wird das *p.p.* an das direkte Objekt **angeglichen.**	Les BD? Je **les** ai regardé**es.** *(Wen oder was habe ich angeschaut?)* **Quels** livres as-tu vu**s**? Voilà la maison **que** j'ai acheté**e** hier. Tu as trouvé les cahiers **que** tu as cherché**s**? – Oui, je **les** ai trouvé**s.**

Plus-que-parfait

Das ***plus-que-parfait*** wird ähnlich wie das *passé composé* gebildet. Der einzige Unterschied besteht darin, dass das **Hilfsverb** im ***imparfait*** (↑ Kap. 2.1) steht: ***imparfait*** von ***avoir / être*** **+ *p.p.***	Nadine **avait pris** un café. J'**avais** chanté une chanson. Tu **avais attendu** ton copain. Il **était venu.** Vous **étiez entrés** dans le salon.
Was die Verwendung des Hilfsverbs ***(avoir* oder *être)*** und die **Angleichung des *p.p. (accord)*** betrifft, so gelten für das *plus-que-parfait* dieselben Regeln wie für das *passé composé.*	*passé composé:* Il **a marché** toute la journée. Nous **sommes allés** à Paris. Elle **s'est dépêchée.** *plus-que-parfait:* Il **avait marché** toute la journée. Nous **étions allés** à Paris. Elle **s'était dépêchée.**

ÜBUNG 3 **In der Wortschlange sind 20 *participes passés* versteckt. Schreibe sie in dein Übungsheft und notiere jeweils den Infinitiv.**

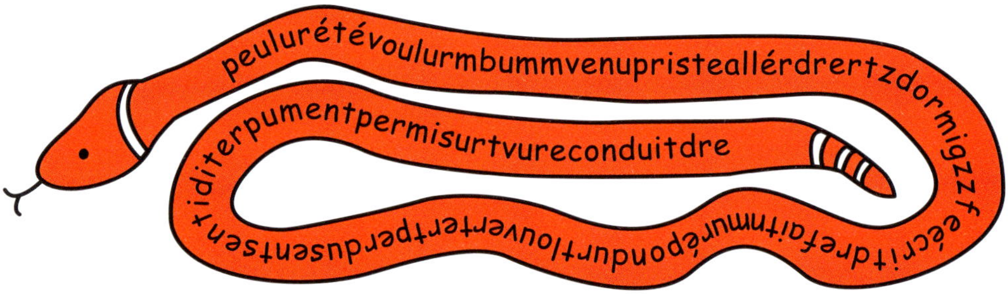

ÜBUNG 4 **Setze die richtigen Verbformen im *passé composé* ein. Achte darauf, ob *avoir* oder *être* verwendet wird, und gleiche, wenn nötig, das *participe passé* an.**

Mme Brandt est professeur de français. Elle ______ (organiser) un voyage à Avignon avec ses élèves. Mme Brandt ______ (préparer) un petit livre avec des phrases françaises et elle ______ (faire) une liste des curiosités. Le jour du départ, ils ______ (prendre) un grand car pour aller à Paris. Les élèves ______ (monter) dans le car et on ______ (partir). Après neuf heures de route, ils ______ (arriver) à Avignon. On ______ (descendre) du car et la découverte de la ville des Papes *(Päpste)* ______ (commencer). Le premier jour, Sabine, une des élèves, ______ (ne pas vouloir) parler le français, mais après une semaine, elle ______ (commencer) à parler sans peur. Sa corres lui ______ (dire): «Comme ça, tu vas être bonne en français!»

ÜBUNG 5 **Ersetze die rot gedruckten Wörter durch *le, la* oder *les*. Achte auf den *accord* des *participe passé!***

1. Où sont mes livres? – Je ______ ai ______ (mettre) dans ton sac à dos.
2. Où sont les photos? – Nous ______ avons ______ (prendre).
3. Où est mon portable? – Manon ______ a ______ (oublier) sur la table.
4. Je cherche les chaussures de Marie. – Nous ______ avons ______ (trouver)!

ÜBEN

ÜBUNG 6 **Mme Bruel erzählt. Setze die Verbformen im *plus-que-parfait* ein. Beachte die Hilfsverben und die Angleichung des Partizips!**

Pour la première fois, je ______ (venir) à Dijon quand j'étais élève au collège de filles. Nous ______ (prendre) le train pour y arriver. Nous ______ (réserver) une chambre dans un petit hôtel près du centre-ville. À la gare de Dijon, nous ______ (demander) le chemin à une dame. Elle ______ (monter) dans notre taxi et elle nous ______ (expliquer) comment trouver notre hôtel. Quand nous ______ (arriver) au centre-ville, nous ______ (descendre) du taxi. La dame ______ (rester) dans le taxi et (continuer) ______ son chemin. À l'hôtel, nous ______ (boire) et nous ______ (faire) un repas formidable. Après, nous ______ (dormir).

ÜBUNG 7 **Setze die Verbformen im *passé composé* ein und achte auf den *accord* des *participe passé*!**

1. Tu connais ce film? – Oui, je ______ (le, regarder) samedi.
2. Vous connaissez ces CD? – Oui, je ______ (les, écouter) hier.
3. Qui a écrit ce livre? – Mon père ______ (le, écrire).
4. Il a écrit aussi les autres livres? – Non, il ______ (ne ... pas, les, écrire).
5. Nous avons mangé les tartes que nous ______ (acheter) à midi.
6. Elles cherchent l'eau minérale qu'elles ______ (boire) à Lyon.
7. Je te montre les photos que je ______ (prendre) à Arles.
8. Nous connaissons toutes les chansons que Georges Moustaki ______ (chanter) pendant son concert à Stuttgart.
9. Combien d'oranges est-ce que tu ______ (vendre) au marché?
10. Quels livres est-ce que tu ______ (lire)?
11. Où sont les BD que je ______ (offrir) à ma sœur?

ÜBUNG 8 ***La randonnée:*** **Nadine macht eine Wanderung mit ihrem Vater. Setze die Infinitive ins *passé composé* oder, wenn angegeben, ins *imparfait (imp)* bzw. *plus-que-parfait (pqp)*. Achte auf die Angleichung des *participe passé!***

1. Le père de Nadine ____________ (vouloir, *imp*) faire une randonnée avec sa fille.
2. C'est pourquoi il ____________ (acheter, *pqp*) une tente.
3. Il ____________ (prendre) un grand sac à dos et ils ____________ (mettre) la tente dans ce sac à dos.
4. Nadine et son père ____________ (choisir) un terrain de camping près de Blois.
5. Pendant deux jours, ils ____________ (visiter) deux châteaux de la Loire.
6. Nadine ____________ (les trouver) très beaux.

7. Le soir, Nadine et son père ____________ (chanter) des chansons qu'ils ____________ (apprendre, *pqp*) il y a des années.
8. Puis ils ____________ (lire) les livres qu'ils ____________ (apporter, *pqp*).
9. Normalement, les vacances en famille, Nadine les ____________ (détester, *pqp*).
10. Maintenant, Nadine dit que ce sont vraiment des journées super qu'ils ____________ (passer) ensemble.

ÜBUNG 9 **Übersetze die folgenden Sätze und schreibe sie in dein Übungsheft.**

1. Wie viele Reisen hast du nach Paris gemacht?
2. Habt ihr die Briefe gelesen, die ich euch geschrieben habe?
3. Wo sind die Postkarten, die ich gekauft habe? – Ich habe sie auf den Tisch gelegt.
4. Meine Tante ist schon angekommen. Sie ist wirklich gerannt!
5. Hast du das Auto gewaschen? – Nein, ich habe es noch nicht gewaschen.
6. Sabine, hast du dich gut amüsiert?
7. Robert ist heute früh aufgestanden, aber Yvonne ist sehr spät aufgestanden.
8. Pascal und Luc haben sich nicht getroffen, deshalb haben sie sich E-Mails *(un e-mail)* geschrieben.
9. Nadine hatte sich ein Sandwich zubereitet.
10. Lucien und Gérard waren um acht Uhr aufgewacht *(se réveiller)*.

2.3 Gebrauch von *passé composé, imparfait* und *plus-que-parfait*

Das *passé composé* verwendet man zur Beschreibung von	
■ **abgeschlossenen Handlungen,** d. h. von Vorgängen oder Ereignissen mit deutlichem Anfang und / oder Ende, die im **Vordergrund** stehen (Signalwörter: *un jour, tout à coup, à ce moment-là, à sept heures* etc.);	Un jour, j'**ai rencontré** mon ami Luc dans la rue. Tout à coup, le téléphone **a sonné.**
■ **einmaligen Handlungen** (Signalwörter: *ce jour-là, une fois, hier, lundi dernier* etc.);	Hier, nous **avons regardé** un film.
■ **aufeinanderfolgenden Handlungen** (= Handlungsketten; Signalwörter: *d'abord, puis, après, ensuite, une heure après* etc.).	D'abord, mon frère **a fait** ses devoirs. Après, il **a dormi** une demi-heure. Ensuite, il **a joué** au tennis.
Das *imparfait* verwendet man zur Beschreibung von	
■ **nicht abgeschlossenen** Ereignissen (Signalwörter: *encore, déjà* etc.);	Mon père **était** déjà à la maison.
■ **regelmäßigen** oder **gewohnheitsmäßig** stattfindenden Handlungen oder Ereignissen (Signalwörter: *d'habitude, le lundi, le week-end, toujours, chaque jour / semaine, souvent, autrefois* etc.);	Quand nous **avions** votre âge, nous **écoutions** les chansons de Georges Moustaki.
■ **Zuständen, Begleitumständen** oder **Erklärungen,** die sich im **Hintergrund** abspielen;	J'ai rencontré une dame. C'**était** une voisine. Elle **faisait** des courses.
■ **gleichzeitig** ablaufenden Handlungen (Signalwort: *pendant que*).	Pendant que les élèves **faisaient** le contrôle, le prof **corrigeait** un test.
Werden ***imparfait*** und ***passé composé*** im Satzgefüge (Haupt- und Nebensätze), z. B. in einer Geschichte oder Erzählung verwendet, so ist das ***imparfait*** die Zeit des **Hintergrunds,** das ***passé composé*** die Zeit des **Vordergrunds.** Stelle folgende Fragen, um zu entscheiden, welche Zeit du verwenden musst: ■ Was war schon? → ***imparfait*** ■ Was geschah dann? → ***passé composé***	*imparfait (Was war schon?):* Il **faisait** jour. Le soleil **brillait.** Le ciel **était** bleu. Les oiseaux **chantaient.** La route **était** vide. *passé composé (Was geschah dann?):* Tout à coup, j'**ai entendu** un bruit. Puis j'**ai vu** une voiture ...

Häufig ist im Satzgefüge ein Wechsel vom *imparfait* ins ***passé composé*,** wenn **ein noch andauernder Vorgang** von einer **neu eintretenden Handlung** unterbrochen wird. Du kannst deshalb das *imparfait* sehr gut durch eine **Wellenlinie** (= Dauer) wiedergeben, das *passé composé* durch einen **senkrechten Pfeil** oder einen **Blitz** (= Neueintritt).

Ma mère **était** en train de faire les courses

↓

quand ma tante **est arrivée** avec mon cousin.

Wenn zwei Handlungen direkt **aufeinanderfolgen,** stehen beide im ***passé composé*.**

Quand Stéphanie **a vu** sa copine, elle **a dit:** «Salut!»

Wenn in Haupt- und Nebensatz **gleichzeitig** verlaufende Vorgänge ausgedrückt werden, so stehen beide im ***imparfait*** (Signalwort häufig: *pendant que*).

Pendant que Luc me **parlait,** je ne le **regardais** pas.

Wenn Relativsätze **beschreibende Informationen** darstellen und keine neuen Handlungen einleiten, dann stehen sie im ***imparfait*.**

M. Durand qui **était** le prof de mon frère **a fait** beaucoup de contrôles.

Das ***plus-que-parfait*** drückt stets eine **Vorvergangenheit** aus, d. h. es bezeichnet Vergangenes, das bereits **vor einem Geschehen oder Zustand der Vergangenheit abgeschlossen** war. Die Frage lautet hier: Was war schon vorher geschehen?

Les correspondants belges de la classe 6e B sont arrivés à six heures du soir devant le collège. Ils **avaient pris** le car à huit heures du matin.

Mit einem **Zeitstrahl** kann man die Reihenfolge des Geschehens und die Verwendung der verschiedenen Zeiten im Französischen verdeutlichen.

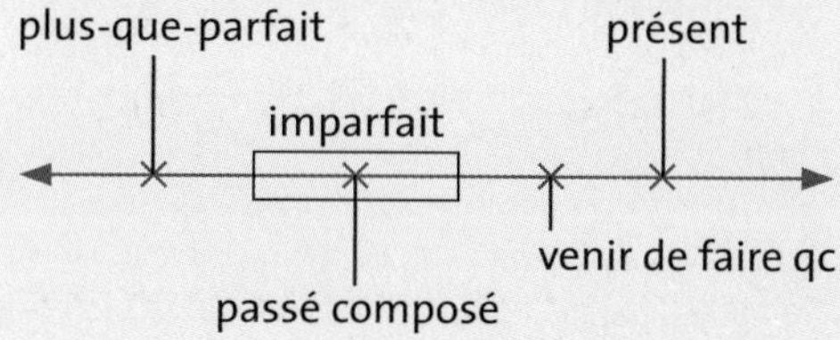

ÜBUNG 10 **Erkläre bei den folgenden Sätzen die Verwendung von *passé composé* und *imparfait*. Achte dabei auch auf Signalwörter! Schreibe in dein Übungsheft.**

1. Il faisait très beau, alors nous avons pris le vélo.
2. C'était dimanche matin. J'étais en train de lire le journal et de boire mon café quand, tout à coup, ma mère est entrée.
3. D'abord, j'ai fait les courses. Ensuite, j'ai passé l'aspirateur *(Staub saugen)*. Puis j'ai fait la cuisine. Finalement, j'ai mis la table.
4. Tous les matins, il allait acheter le journal et un croissant au bureau-tabac d'à côté.
5. Les Gaulois *(Gallier)* chassaient dans la forêt quand les Romains les ont attaqués.

ÜBUNG 11 **Setze die folgenden Sätze in die Vergangenheit. Unterscheide die Verwendung von *passé composé* und *imparfait*. Achte auf Signalwörter!**

1. Madeleine ________ (jouer) au tennis quand sa mère ________ (appeler).
2. D'abord, je ________ (aller) à l'école, après je ________ (faire) mes devoirs.
3. Un jour, nous ________ (rencontrer) des gens qui ________ (faire) un voyage en France. Ils nous ________ (demander) le chemin du Louvre.
4. Il ________ (faire) nuit. Oh, il ________ (être) déjà minuit. Monique et moi, nous ________ (être) en train de discuter. Tout à coup, Monique ________ (crier): «Au secours! Un fantôme!» Mais ce ________ (ne pas être) un fantôme, ce ________ (être) le chat noir des voisins.

5. Chaque soir, Mme Legrand ________ (attendre) son mari. Il ________ (être) dix heures du soir, mais M. Legrand ________ (ne pas encore être) à la maison. Mme Legrand ________ (se faire) du souci *(Sorgen)*. À minuit, un taxi ________ (arriver) et son mari ________ (descendre). Il ________ (payer) le chauffeur et le taxi ________ (partir).

ÜBUNG 12 **Claire schreibt ihrer Brieffreundin Sonja. Setze die Verben in die Vergangenheit und verwende entweder *passé composé, plus-que-parfait* oder *imparfait*.**

Chère Sonja,

Samedi dernier, nous ______ (faire) une boum chez mon amie Laurence parce que les parents de Laurence ______ (partir) en vacances. On ______ (pouvoir) tout préparer sans parents! Toute la semaine, nous ______ (préparer) la fête: Luc ______ (acheter) quelque chose à manger et à boire, Pierre ______ (apporter) la musique, Laurence et moi, nous ______ (décorer) la maison. Samedi soir, tous les amis ______ (venir). Nous ______ (manger), nous ______ (boire) et nous ______ (danser) quand, tout à coup, les parents de Laurence ______ (ouvrir) la porte. Quelle surprise!!! Tout de suite, Pierre ______ (arrêter) la musique et tous les amis ______ (partir). Les parents de Laurence ______ (ne pas être) contents parce que Laurence ______ (ne rien dire) de la fête. Mais le lendemain, ils ______ (dire) qu'à notre âge, ils ______ (faire) la même chose! Voilà pour aujourd'hui.

Bisous, Claire

ÜBUNG 13 **Sonja antwortet ihrer Brieffreundin Claire. Leider macht sie bei den Zeiten viele Fehler. Finde elf Fehler und schreibe die korrigierten Sätze in dein Übungsheft.**

ACHTUNG FEHLER

Chère Claire,

Nous faisions une fête la semaine dernière. J'invitions tous mes amis. Nous avons tout préparer: la musique, des salades et des boissons. Ce soir-là, mes parents allaient chez des amis, donc, la maison avait été vide. À huit heures, mes copains arrivaient et nous avions fêté ensemble. Nous avons dansé et nous avons chanté nos chansons préférées, quand le téléphone sonnait! Oh, c'était les voisins!

Bisous et à bientôt!
Sonja

ÜBEN

ÜBUNG 14 **Setze den Text in die Vergangenheit und verwende entweder *passé composé* oder *imparfait* statt der rot gedruckten Präsensformen. Schreibe in dein Übungsheft.**

Claudia passe les cinq premières années de sa vie en Angleterre. C'est une petite fille qui aime beaucoup ses parents. À l'âge de cinq ans, elle quitte l'Angleterre avec ses parents. La famille veut commencer une nouvelle vie à Lyon, en France. Le père trouve un bon travail et ils peuvent acheter une petite maison à Villefranche près de Lyon. Au début, Claudia n'est pas contente parce qu'elle n'a pas de copines. Elle ne parle pas le français et elle ne comprend pas les autres élèves à l'école. Un jour, Jane, une fille américaine, entre dans sa classe. Elle a les mêmes problèmes que Claudia. Elles deviennent amies et apprennent le français ensemble.

ÜBUNG 15 **Übersetze die folgenden Sätze.**

Während meine Freunde Crêpes zubereiteten, machte ich einen Erdbeerkuchen *(une tarte aux fraises)*.

Plötzlich habe ich ein Auto gesehen, das auf mich zukam *(rouler)*.

Linda konnte nicht zum Konzert gehen, weil sie zu müde war.

Letztes Jahr hatte unser Französischlehrer den Schüleraustausch sehr gut vorbereitet.

Nach der Schule ist Luc heimgegangen. Dann hat er etwas gegessen, weil er Hunger hatte. Anschließend hat er sein Fahrrad genommen und ist weggefahren.

2.4 Futur

Im Deutschen bildet man das Futur I mit dem Präsens des Hilfsverbs *werden* und dem Infinitiv. Im Französischen gibt es zwei Möglichkeiten:	Ich **werde singen.**
■ das ***futur composé*** (zusammengesetzte Zukunft), das häufig in der gesprochenen Sprache verwendet wird und die **nahe Zukunft** bezeichnet;	Je **vais chanter.**
■ das ***futur simple*** (einfache Zukunft), das eher in der **Schriftsprache** vorkommt.	Je **chanterai.**

Das ***futur composé*** bildet man mit dem Präsens des Verbs ***aller*** und dem **Infinitiv:**

Singular	Plural
*je **vais regarder***	*nous **allons regarder***
*tu **vas regarder***	*vous **allez regarder***
*il / elle **va regarder***	*ils / elles **vont regarder***

Für die **Verneinung** sowie für die Stellung der **Objektpronomen** gelten die gleichen Regeln wie für die Verben mit Infinitivergänzung.

Demain, je **vais me lever** à sept heures.
À huit heures, nous **allons aller** au marché.
Là, on **va faire** les courses pour le week-end.
Après, nos amis **vont** nous **rendre** visite et on **va passer** l'après-midi ensemble.

Elle ne **va** pas le **dire.**
Il ne **veut** pas le **dire.**

Das ***futur simple*** wird gebildet, indem man an das *-r* des Infinitivs die folgenden Futurendungen anhängt:

Singular		Plural	
je	*...-**ai***	*nous*	*...-**ons***
tu	*...-**as***	*vous*	*...-**ez***
il / elle / on	*...-**a***	*ils / elles*	*...-**ont***

Die Verben auf *-re* bzw. auf *-dre* verlieren dabei das *-e* des Infinitivs:
lire → je lirai
prendre → je prendrai

Merke: Die Endungen des ***futur simple*** ähneln dem Präsens von ***avoir.***

regarder:

je regarder**ai**	nous regarder**ons**
tu regarder**as**	vous regarder**ez**
il / elle regarder**a**	ils / elles regarder**ont**

sortir:

je sortir**ai**	nous sortir**ons**
tu sortir**as**	vous sortir**ez**
il / elle sortir**a**	ils / elles sortir**ont**

attendre:

j'attendr**ai**	nous attendr**ons**
tu attendr**as**	vous attendr**ez**
il / elle attendr**a**	ils / elles attendr**ont**

Achtung: Bei den Verben auf *-**er*** mit einer Besonderheit in der Schreibweise **(stamm- und endungsbetonte Formen)**, musst du bei der Futurbildung von der **1. Person Singular Präsens** ausgehen.

acheter:	j'ach**è**te	→ j'ach**è**ter**ai**
préférer:	je préf**è**re	→ tu préf**è**rer**as**
appeler:	j'appe**ll**e	→ il appe**ll**er**a**
jeter:	je je**tt**e	→ nous je**tt**er**ons**
payer:	je pa**i**e	→ ils pa**i**er**ont**

WISSEN

Einige **unregelmäßige Verben** bilden das *futur simple* mit einem besonderen **Futurstamm,** an den man die Futur-Endungen anhängt. Präge dir deshalb die folgenden Verben ein:

*être → je **serai***	*faire → je **ferai***
*avoir → j'**aurai***	*savoir → je **saurai***
*voir → je **verrai***	*aller → j'**irai***
*envoyer → j'**enverrai***	*vouloir → je **voudrai***
*pouvoir → je **pourrai***	*courir → je **courrai***
*venir → je **viendrai***	*tenir → je **tiendrai***
*devoir → je **devrai***	*recevoir → je **recevrai***
*il faut → il **faudra***	*il pleut → il **pleuvra***
*s'asseoir → je **m'assiérai***	
*mourir → je **mourrai***	

Demain, je **serai** à Paris.
Ce soir, tu **feras** tes devoirs.
Après l'école, il **aura** soif.
Lundi, nous **saurons** le résultat du test.
On **verra** vendredi.
Nous **irons** à la maison.
Vous m'**enverrez** une lettre?
Elles **voudront** dormir.
Tu **pourras** venir quand tu **voudras.**
Il **courra** pour gagner la course.
Je **viendrai** chez vous.
Tu **tiendras** ta promesse.
Nous **devrons** travailler ce week-end.
Ce soir, ils **recevront** des amis.
Il te **faudra** faire les courses.
Cet après-midi, il **pleuvra.**

Wie im Deutschen und im Englischen gibt es auch im Französischen ein Futur II: das ***futur antérieur.*** Es bezeichnet eine **Vergangenheit in der Zukunft.**

Demain, il **sera rentré.** – Morgen wird er zurückgekommen sein.

Das ***futur antérieur*** setzt sich zusammen aus dem Futur des Hilfsverbs und dem *participe passé:*
futur simple von ***avoir / être + p. p.***

Für die Verwendung von ***avoir*** bzw. ***être*** sowie für die Angleichung des ***participe passé*** gelten die gleichen Regeln wie beim ***passé composé*** (↑ Kap. 2.2).

j'**aurai regardé**	nous **aurons regardé**
tu **auras regardé**	vous **aurez regardé**
il **aura regardé**	ils **auront regardé**
je **serai sorti(e)**	nous **serons sorti(e)s**
tu **seras sorti(e)**	vous **serez sorti(e)s**
il / elle **sera sorti(e)**	ils / elles **seront sorti(e)s**

Das ***futur antérieur*** bezeichnet eine Handlung in der Zukunft, die **abgeschlossen** sein wird, bevor eine **andere Handlung** in der Zukunft **beginnt.** Es wird daher häufig in Satzgefügen verwendet, die durch ***quand / lorsque*** (temporales „wenn") oder ***après que*** (nachdem) eingeleitet werden. Umgangssprachlich wird im Deutschen das *futur antérieur* oft mit Perfekt wiedergegeben, das *futur* im Hauptsatz mit Präsens.

Quand j'**aurai fini** le travail, je **serai** heureuse. – Wenn ich die Arbeit beendet haben werde, werde ich glücklich sein.
Lorsque je **serai rentré** à la maison, je **ferai** la cuisine.
Après qu'il **sera parti,** nous **irons** dans le jardin.

Wenn ich die Arbeit beendet habe, bin ich glücklich.

ÜBUNG 16 Ergänze die fehlenden Buchstaben der folgenden Formen im *futur simple* und im *futur antérieur*. Ergänze dabei die Personalpronomen und schreibe sie nach Zeiten geordnet in dein Übungsheft.

___ po ___ rons	___ auras chant ___	___ s ___ rai descend ___
___ f ___ ra	___ sere ___	___ f ___ udra
___ co ___ ront	___ attendr ___ nt	___ sera arriv ___ e
___ trouv ___ ras	___ voudr ___ ns	___ ___ uras
___ serons sort ___	___ ach ___ terons	___ ___ urai pris

ÜBUNG 17 Setze die folgenden Präsensformen ins Futur.

présent	futur composé	futur simple	futur antérieur
tu passes			
nous finissons			
elle entend			
il faut			
je viens			
vous buvez			
elles courent			

ÜBUNG 18 Was werden die Personen morgen machen? Bilde Sätze im *futur simple*.

1. Jacques ___

2. Yvonne ___

3. Luc et Antoine ___

4. Nous ___

ÜBUNG 19 **Hier sind einige rätselhafte Sätze. Trage die Verbform (*futur simple* oder *futur antérieur*) ein, die aus den rot gedruckten Buchstaben zusammengesetzt ist, und daneben den dazugehörigen Infinitiv.**

1. Pierre et Luc ntvinerdo pour faire leurs devoirs ensemble.
2. Qu'est-ce que tu safre demain?
3. Quand vous smiuazer la table, nous remaosnng.
4. L'école commence à huit heures. Demain, tu reass à l'heure?
5. Sabine et Marc onvuodtr rentrer à la maison lorsqu'ils afuinriont la répétition *(Probe)*.

ÜBUNG 20 **Luc erzählt von seinen Ferienplänen. Ergänze die richtigen Formen des *futur simple*.**

Pendant les vacances d'été, je ______ (dormir) jusqu'à midi. Après, je ______ (se lever) et je ______ (prendre) le petit-déjeuner. J'espère que ma mère le ______ (préparer). L'après-midi, quand il ______ (faire) beau, je ______ (aller) à la piscine ou mes amis et moi, nous ______ (jouer) au tennis. Nous ______ (pouvoir) aussi aller dans la forêt pour trouver des champignons. Quand il ______ (pleuvoir), je ______ (rester) à la maison: je ______ (ranger) ma chambre de temps en temps ou je ______ (jouer) avec l'ordinateur. Ma famille et moi, nous ______ (faire) un voyage à Lyon où habite ma tante Marie. On ______ (passer) trois jours chez ma tante. Pendant les vacances, je ______ (ne ... rien apprendre). Je ______ (mettre) mes livres dans l'armoire. On ______ (voir)!

ÜBUNG 21 **Antoine hat viel zu tun. Seine Mutter hat ihm einige Aufgaben aufgeschrieben. Ergänze die richtigen Formen des *futur simple* und des *futur antérieur.***

1. Antoine, quand tu auras fini (finir) le travail, tu iras (aller) chez le boulanger.
2. Antoine, quand tu ______ (se lever), tu ______ (prendre) ta douche.
3. Quand tu ______ (faire) ton lit, tu ______ (prendre) ton petit-déjeuner.
4. Quand tu ______ (prendre) ton petit-déjeuner, tu ______ (ne pas partir) mais tu ______ (apprendre) la grammaire anglaise.
5. Quand tu ______ (finir), tu ______ (pouvoir) jouer au foot avec tes amis ou, quand vous ______ (avoir) le temps, vous ______ (pouvoir) laver la voiture.
6. Quand vous ______ (faire) le travail, il y ______ (avoir) une bonne portion de glace à la vanille à la crème Chantilly *(Schlagsahne)*!

ÜBUNG 22 **Übersetze die folgenden Sätze und schreibe sie in dein Übungsheft.**

1. Nachdem wir eingekauft haben (werden), werdet ihr kochen können.
2. Morgen werden wir nach Frankreich zurückkehren müssen.
3. Wenn Sie Ihre Ferien in Frankreich verbracht haben (werden), werden Sie besser Französisch sprechen.
4. Ich werde dir von meiner Reise nach England erzählen, wenn wir nach Deutschland zurückgekehrt sein werden.
5. Im Automuseum werden wir schöne Autos sehen.
6. Morgen Abend werden wir in Dijon angekommen sein und ein Glas Rotwein trinken.
7. Ich werde mit einem Freund diesen Sommer verreisen können. Wir werden zuerst den Zug nehmen, dann werden wir per Anhalter fahren *(faire de l'autostop)*.
8. Morgen früh werden Luc und Christine um fünf Uhr aufstehen, nachdem die Sonne aufgegangen sein wird.

Check-up Zeiten

45 Minuten

AUFGABE 1 **Kreuze an, ob die Verbformen richtig oder falsch sind. Korrigiere sie, wenn es nötig ist.**

		juste	incorrect	
futur simple:				
descendre:	je descenderai			
dormir:	tu dormiras			
faire:	elle faira			
être:	nous êtrons			
courir:	je courrai			
imparfait:				
prendre:	elle prennait			
tenir:	nous tenions			
partir:	je partirais			
lire:	tu lisas			
attendre:	ils attendaient			

AUFGABE 2 **Ordne die Formen des *imparfait* und des *futur simple*, die durcheinandergeraten sind. Lege dir dazu in deinem Übungsheft eine Tabelle mit den Spalten *imparfait* und *futur simple* an und ergänze jeweils das Personalpronomen.**

buvait – conduiront – enverras – allions – fallait – boirons – venaient – étais – aurai – prendront – répétions – achèterez – lisions – tiendras – serez – partiez – sortirez – dormaient – mettais – faisait – courras – courais

TESTEN

AUFGABE 3 **Ergänze die fehlenden Formen.**

présent	imparfait	passé composé	plus-que-parfait
vous entendez			
je sors			
ils finissent			
tu mets			
il s'appelle Tom			
nous venons			
elles prennent			

AUFGABE 4 **Setze die in Klammern angegebenen Verben in der Vergangenheit ein: Verwende *imparfait, passé composé* oder *plus-que-parfait*.**

C' ______ (être) le début des vacances d'été. Il ______ (faire) très beau, le ciel ______ (être) bleu. Nous ______ (monter) dans notre voiture et le voyage ______ (commencer). Avant, nous ______ (préparer) nos valises et on ______ (charger, *beladen*) la voiture. On ______ (être) sur l'autoroute. Mon père ______ (rouler) lentement parce qu'il y ______ (avoir) beaucoup de monde sur les routes. Il ______ (être) impossible de rouler vite. Tout à coup, le chauffeur qui ______ (être) dans la voiture devant nous ______ (freiner, *bremsen*). Mon père, lui aussi, ______ (devoir) freiner. Heureusement, il ______ (pouvoir) arrêter notre voiture. Nous ______ (avoir) de la chance! Nous ______ (continuer) notre voyage et ce soir-là, nous ______ (arriver) chez nos amis qui nous ______ (attendre) déjà!

TESTEN

AUFGABE 5 ***Qu'est-ce que les Durand feront le week-end?*** **Setze die in Klammern angegebenen Verben ins Futur. Zweimal kommt das** ***futur antérieur*** **vor.**

Samedi matin, les Durand ___ (aller) en ville. Mme Durand ___ (faire) les courses pour le week-end. Elle ___ (acheter) tout pour le repas de dimanche: ils ___ (faire) une petite excursion à Tours. C'est pourquoi il ___ (falloir) tout préparer pour le pique-nique. Après que Mme Durand ___ (faire) ses courses, toute la famille ___ (entrer) dans un petit restaurant au centre-ville. Quand ils ___ (manger), ils ___ (se rendre, *sich begeben*) à la maison. Ensuite, les parents ___ (travailler) le jardin et les enfants ___ (regarder) le nouveau film de Jean Reno. Le soir, Mme Durand ___ (préparer) les sandwichs. Elle les ___ (mettre) dans le frigo. Dimanche matin, ils ___ (partir) très tôt pour aller à Tours.

AUFGABE 6 **Welches Hilfsverb musst du bei den folgenden Formen des** ***passé composé*** **einsetzen:** ***avoir*** **oder** ***être?*** **Achte auf die Angleichung des** ***participe passé!***

1. Quand est-ce qu'elle ___ parti ___ ?
2. Nous ___ été ___ à la maison.
3. Vous ___ descendu ___ à Draguignan? Vous y ___ resté ___ longtemps? Qu'est-ce que vous ___ fait ___ là-bas?
4. Tu ___ vu ___ la maison que mes parents ___ construit ___ ?

AUFGABE 7 **Übersetze die folgenden Sätze und schreibe sie in dein Übungsheft. Achte genau auf die Zeiten!**

1. Herr Dubois überquerte die Straße, als plötzlich ein schwarzes Auto ankam.
2. Wenn ich eingekauft habe(n werde), werde ich ins Schwimmbad gehen.
3. Mittwochs ging er immer ins Kino, wenn er alles vorbereitet hatte.
4. Letzte Woche bin ich zum Arzt gegangen, weil ich Kopfschmerzen hatte.
5. Sabine ist um sieben Uhr aufgestanden. Zuerst hat sie einen Tee getrunken, dann hat sie ein Schokoladenbrötchen *(un pain au chocolat)* gegessen und ist schließlich zur Arbeit gegangen.

3 Konditional

3.1 *Conditionnel présent* (Konditional I)

Das ***conditionnel présent*** (Konditional I) wird ähnlich wie das *futur simple* gebildet (↑ Kap. 2.4), denn es hat die gleiche Ausgangsform: Die Endungen werden an das ***-r*** des Infinitivs angehängt.

Die Endungen des ***conditionnel présent*** lauten wie die Endungen des *imparfait*:

Singular		**Plural**	
je	*...-r-**ais***	*nous*	*...-r-**ions***
tu	*...-r-**ais***	*vous*	*...-r-**iez***
il / elle / on	*...-r-**ait***	*ils / elles*	*...-r-**aient***

Merke: Das ***conditionnel présent*** wird gebildet, indem man an das ***-r*** des Infinitivs die **Endungen des *imparfait*** anhängt.

futur simple:

je regarderai	nous regarder**ons**
tu regarder**as**	vous regarder**ez**
il / elle regarder**a**	ils / elles regarder**ont**

imparfait:

je regard**ais**	nous regard**ions**
tu regard**ais**	vous regard**iez**
il / elle regard**ait**	ils / elles regard**aient**

conditionnel présent:

je regarder**ais**	nous regarder**ions**
tu regarder**ais**	vous regarder**iez**
il / elle regarder**ait**	ils / elles regarder**aient**
je sortir**ais**	nous sortir**ions**
tu sortir**ais**	vous sortir**iez**
il / elle sortir**ait**	ils / elles sortir**aient**

Bei Verben auf ***-er*** mit **zwei verschiedenen Stämmen** im Präsens wird das *conditionnel présent* wie im *futur simple* von der **1. Person Singular** abgeleitet.

acheter → j'ach**è**te → j'ach**è**terais
préférer → je préf**è**re → je préf**è**rerais
appeler → j'appe**ll**e → j'appe**ll**erais
jeter → je je**tt**e → je je**tt**erais
payer → je pa**i**e → je pa**i**erais

Bei den unregelmäßigen Verben mit **Sonderformen im *futur simple*** besteht der einzige Unterschied im *conditionnel présent* darin, dass die ***imparfait*-Endungen** angehängt werden.

être → je serais	faire → je ferais
avoir → j'aurais	savoir → je saurais
voir → je verrais	envoyer → j'enverrais
aller → j'irais	vouloir → je voudrais
courir → je courrais	pouvoir → je pourrais
venir → je viendrais	tenir → je tiendrais
devoir → je devrais	
s'asseoir → je m'assiérais	
mourir → je mourrais	
il faut → il faudrait	il pleut → il pleuvrait

Das *r* ist das Kennzeichen von ***futur simple*** und von ***conditionnel présent.***
Das ***r*** unterscheidet aber auch deutlich ***imparfait*** und ***conditionnel*** voneinander, obwohl die Endungen gleich sind.

futur simple:	il dira – je lirai – tu perdras
conditionnel:	il dirait – je lirais – tu perdrais
imparfait:	il disait – je lisais – tu perdais

ÜBUNG 1 **Bilde zuerst das *futur simple* und dann das *conditionnel présent*.**

1. tu dors →
2. elles finissent →
3. il a →
4. vous allez →
5. tu vois →
6. je suis →
7. il fait →

ÜBUNG 2 **Bilde die Formen des *conditionnel présent* und des *imparfait*.**

infinitif	conditionnel présent	imparfait
préférer	je	je
vouloir	ils	ils
pleuvoir	il	il
falloir	il	il
pouvoir	vous	vous
mettre	elles	elles
devoir	tu	tu
perdre	elle	elle
comprendre	nous	nous
venir	ils	ils
voir	tu	tu
ouvrir	j'	j'

3.2 *Conditionnel passé* (Konditional II)

Das ***conditionnel passé*** ist eine **zusammengesetzte Verbform** wie das *passé composé*, das *plus-que-parfait* und das *futur antérieur* (↑ Kap. 2.2 und Kap. 2.4).

conditionnel passé:
j'aurais regardé – ich hätte angeschaut

passé composé:
j'ai regardé – ich habe angeschaut

plus-que-parfait:
j'avais regardé – ich hatte angeschaut

futur antérieur:
j'aurai regardé – ich werde angeschaut haben

Man bildet das ***conditionnel passé,*** indem man das *conditionnel présent* von ***avoir*** oder ***être*** mit dem ***participe passé*** verbindet.

j'	***aurais***	+ ***participe passé***	j'aurais regardé
tu	***aurais***		tu aurais regardé
il / elle / on	***aurait***		il aurait regardé
nous	***aurions***		nous aurions regardé
vous	***auriez***		vous auriez regardé
ils / elles	***auraient***		ils auraient regardé

je	***serais***	+ ***participe passé***	je serais sorti(e)
tu	***serais***		tu serais sorti(e)
il / elle / on	***serait***		il / elle serait sorti(e)
nous	***serions***		nous serions sorti(e)s
vous	***seriez***		vous seriez sorti(e)s
ils / elles	***seraient***		ils / elles seraient sorti(e)s

Für das ***conditionnel passé*** gelten die gleichen Regeln wie für die anderen zusammengesetzten Zeiten *(passé composé, plus-que-parfait, futur antérieur)*, was die **Verwendung des Hilfsverbs** und die **Angleichung des *participe passé*** angeht (↑ Kap.2.2).

À ta place, je n'**aurais** pas **couru** pour ne pas manquer le bus. J'**aurais attendu** un autre bus.
Nous **aurions aimé** aller au cinéma, il nous a fallu travailler.
Nathalie **serait venue** et elle **se serait amusée** mais elle n'avait pas le temps.

ÜBUNG 3 **Setze die Formen des *futur antérieur* ins *conditionnel passé*.**

il aura fait

il sera allé

il sera resté

elle sera venue

vous aurez appelé

tu auras écrit

vous aurez lu

nous serons arrivés

il aura fallu

elles auront cherché

ÜBUNG 4 ***Quel désordre!* Ordne die Formen nach *futur antérieur* und *conditionnel passé*. Ergänze das Subjektpronomen und schreibe den Infinitiv in Klammern dazu.**

aurait fini – serons arrivés – aura trouvé – auriez dû – serez venues – seras restée – seraient tombées – aurais su – auras écrit – aura fallu – auraient fait – auront voulu – seras partie – aurais lu – auront pu – aurions eu – aura dit – aurez pris

futur antérieur	conditionnel passé

ÜBUNG 5 **Bilde das *conditionnel passé*. Achte auf die Endung des *participe passé*!**

faire: tu

venir: elles

dormir: elles

voir: je

lire: je

écrire: il

descendre: elle

aller: elle

écouter: tu

sortir: nous

3.3 Gebrauch des *conditionnel*

Conditionnel als Modus

Das *conditionnel* kann dem Verb einen bestimmten **Nebensinn** geben:	
■ **Höfliche Bitte, Frage, Aufforderung**	**Pourrais**-tu me passer le pain? – Könntest du mir das Brot reichen?
■ **Wunsch**	J'**aimerais** aller à la piscine. – Ich würde gerne ins Schwimmbad gehen.
■ **Annahme** oder **Vermutung**	Mon père ne **serait** pas content de voir mes mauvaises notes. – Mein Vater wäre wohl nicht zufrieden, wenn er meine schlechten Noten sähe.
■ **Möglichkeit**	Il **pourrait** m'aider. – Er könnte mir helfen.
■ **vorsichtige Information**	Dans cet accident, il y **aurait** 5 blessés. – Bei diesem Unfall soll es 5 Verletzte geben.
In **Bedingungssätzen** bezeichnet ■ das ***conditionnel présent*** noch **Mögliches**,	À ta place, je ne **ferais** pas de bêtises. – An deiner Stelle würde ich keine Dummheiten machen. *(Die Dummheiten sind noch möglich oder auch nicht!)*
■ das ***conditionnel passé*** hingegen eine **Möglichkeit** in der **Vergangenheit**, die **nicht** mehr verwirklicht werden kann.	À ta place, je n'**aurais** pas **fait** de bêtises. – An deiner Stelle hätte ich keine Dummheiten gemacht. *(Die Möglichkeit, die Dummheiten ungeschehen zu machen, besteht nicht mehr!)*

Conditionnel als Tempus

Als reines **Tempus** bezeichnet das *conditionnel* eine von der **Vergangenheit aus gesehene Zukunft.** Es wird vor allem in der **indirekten Rede** *(discours indirect)* verwendet, wobei ■ das ***conditionnel présent*** das Futur I, ■ das ***conditionnel passé*** das Futur II ersetzt, wenn das einleitende Verb in der Vergangenheit steht (↑ Kap. 7.3).	Marie: «Je te rendrai visite début mai.» Elle a dit **qu'**elle me **rendrait** visite début mai. – Sie hat gesagt, dass sie mich Anfang Mai besuchen werde. Moi: «Je sortirai quand j'aurai tout fini.» Je lui ai dit **que** je **sortirais** quand j'**aurais** tout **fini.** – Ich habe ihr gesagt, dass ich ausgehen würde, wenn ich alles fertig gemacht hätte.

ÜBUNG 6 **Welche Aufgabe hat das *conditionnel présent* in den einzelnen Sätzen?**

aus der Vergangenheit gesehene Zukunft – Möglichkeit – Höfliche Bitte / Aufforderung – Möglichkeit – Bedingung – Annahme / Vermutung – Wunsch

1. Tu pourrais me rendre mes livres?
2. Il m'a raconté qu'il passerait ses vacances à Berlin.
3. On pourrait rendre visite à Jean-Claude.
4. Vous me donneriez votre parapluie?
5. Je devrais vraiment changer d'avis.
6. À votre place, je rentrerais chez moi.
7. Dans cette pièce de théâtre, il y aurait 1000 spectateurs.
8. Ma fille n'aimerait pas sortir avec ses parents.
9. J'aimerais passer la soirée à la maison.
10. Il devrait arriver à six heures du soir.

ÜBUNG 7 **Nadine gibt Pascal gute Ratschläge. Bilde Sätze im *conditionnel présent*, die folgendermaßen beginnen: *À ta place, je ...***

1. dormir la nuit:
2. ne pas regarder la télé toute la nuit:
3. ne pas jouer avec l'ordinateur jusqu'à minuit:
4. manger une soupe légère et pas des frites à dix heures du soir:
5. boire une tisane (Kräutertee) le soir et pas du coca:

WISSEN +

Wiedergabe des *conditionnel présent* im Deutschen

Das *conditionnel présent* kann also in seiner modalen Funktion vielerlei ausdrücken (z. B. Bitte, Vermutung etc.). Im Deutschen werden häufig kleine Wörter, wie z. B. ***wohl, etwa, vielleicht*** eingeschoben und das *conditionnel* wird mit ***könnte, würde, soll*** wiedergegeben.

Tu pourrais me montrer la ville? – Könntest du mir vielleicht die Stadt zeigen?

Ce serait un bon chanteur. – Er wäre wohl ein guter Sänger.

Il chanterait ce soir. – Er soll heute Abend singen.

ÜBUNG 8 **Übersetze die folgenden Sätze ins Deutsche.**

1. Est-ce que tu aurais du sel pour moi? Hast du Salz für mich
2. Vous pourriez m'expliquer où se trouve la Maison Carrée à Nîmes?
   Würden Sie mir bitte zeigen wo das Haus Carré
3. Vous seriez déjà prêts à partir?
4. Tu aurais faim?
5. Gérard Depardieu jouerait le rôle du Gaulois Obélix dans ce spectacle.
6. À ta place, je ne boirais pas d'alcool.
7. Il serait possible d'acheter cette robe?

ÜBUNG 9 **Übersetze die folgenden Sätze ins Französische und schreibe sie in dein Übungsheft.**

1. Würdest du das für mich tun?
2. Der Schauspieler Christian Clavier soll heute nach Stuttgart kommen.
3. Meine Eltern wären nicht zufrieden, meine Noten zu sehen. *(content de + infinitif)*
4. An deiner Stelle würde ich meine Hausaufgaben machen.
5. Wir würden gerne heute Abend ins Kino gehen. Aber Claudine muss arbeiten.
6. Würdest du vielleicht auf mich warten?
7. Habt ihr etwa Angst?
8. Er hat gesagt, er werde nächste Woche kommen.
9. Sie erzählen, dass sie in den Ferien nach Italien fahren werden.
10. Monique hätte pünktlich sein müssen.

3.4 Konditionales Satzgefüge

Das **konditionale Satzgefüge** besteht aus einem **Nebensatz,** der eine **Bedingung** *(wenn / falls)* ausdrückt, und einem **Hauptsatz,** der die **Folge** *(dann)* angibt.	S'il fait beau demain, je ferai une promenade. – Wenn es morgen schön ist, (dann) werde ich spazieren gehen.
Man unterscheidet **drei Arten von Bedingungen:**	
■ Bei Typ I ist die Erfüllung **wahrscheinlich** oder möglich: ***si + présent, futur simple***	**Si** je **peux,** je **partirai** en vacances. – Wenn ich kann, dann werde ich in Urlaub fahren.
■ Bei Typ II ist die Erfüllung möglich, wird aber als **unwahrscheinlich** angesehen: ***si + imparfait, conditionnel présent***	**Si** je **pouvais,** je **partirais** en vacances. – Wenn ich könnte, würde ich in Urlaub fahren.
■ Bei Typ III ist die Erfüllung ganz und gar **unmöglich** (irreal): ***si + plus-que-parfait, conditionnel passé***	Si j'**avais pu,** je **serais parti(e)** en vacances. – Wenn ich gekonnt hätte, wäre ich in Urlaub gefahren.
Achtung: Du musst die Verwendung der Zeiten gewissenhaft einhalten, denn dies ist bedeutungsentscheidend!	
Nach ***si*** in der Bedeutung ***wenn / falls*** steht **nie Futur oder Konditional.**	Il serait triste **si** elle ne **venait** pas. – Er wäre traurig, wenn sie nicht kommen würde.
Merke: ***si*** hat drei Bedeutungen: ■ ***wenn / falls*** (engl. *if*), ■ ***ob*** im indirekten Fragesatz, ■ ***doch*** als Entgegnung auf eine verneinte Entscheidungsfrage.	**Si** tu viens aujourd'hui, je serai heureuse. Il me demande **si** je viendrai demain. Tu n'aimes pas le fromage? – **Si.**

ÜBUNG 10 **Entscheide, um welches konditionale Satzgefüge es sich handelt: möglich und wahrscheinlich (1); möglich, aber unwahrscheinlich (2); ganz unmöglich (3).**

	(1)	(2)	(3)
1. S'il pleut, je ne sortirai pas.	■	■	■
2. Si Pierre avait fait ses devoirs, le professeur aurait été content.	■	■	■
3. Je ferais du ski s'il neigeait.	■	■	■
4. Qu'est-ce que vous feriez si vous gagniez un million d'euros?	■	■	■
5. Nous serions venus si nous avions eu le temps.	■	■	■

ÜBUNG 11 **Luc und Léa überlegen, wie sie die Ferien verbringen werden. Setze richtig ein.**

1. Si nos parents ______ (aller) à Berlin demain, nous ______ (pouvoir) faire une fête avec nos amis.
2. Si nos amis ______ (préparer) la boum avec nous, on ______ (avoir) une soirée très agréable.
3. Si nous ______ (faire) un voyage au bord de la mer, nous ______ (se baigner) souvent.
4. On ______ (manger) une glace s'il ______ (faire) chaud.

ÜBUNG 12 **Die Eltern von Sabine wollen vom Land in die Stadt ziehen. Sie stellt sich ihr neues Leben in der Stadt vor.**

1. Si j' habitais (habiter) en ville, je ne pourrais plus (ne plus pouvoir) voir mes amis tous les jours.
2. Je ______ (être) très triste si nous ______ (quitter) notre petit village.
3. Chaque jour, je ______ (devoir) aller à l'école sans mes amis si mes parents ______ (décider) de quitter vraiment la campagne.
4. Mais si les vacances ______ (arriver), tous mes amis ______ (venir) me voir!

ÜBEN

ÜBUNG 13 **Ergänze den Hauptsatz mit** ***futur simple, conditionnel présent*** **oder** ***conditionnel passé.***

1. S'il fait beau demain, ______

2. Si Claude et Luc avaient eu le temps, ______

3. Si nous étions en vacances d'été, ______

ÜBUNG 14 **Wenn das Wörtchen „wenn" nicht wär' ... Claire muss die Klasse wiederholen. Nun macht sie sich Vorwürfe. Bilde** ***si*****-Sätze mit** ***plus-que-parfait*** **und** ***conditionnel passé*** **(Typ III). Schreibe in dein Übungsheft.**

1. si – je – faire – mes devoirs, / je – comprendre – les problèmes de maths
2. si – je – ne pas sortir – tous les après-midis, / je – apprendre – les mots allemands
3. mes amis et moi – nous – pouvoir travailler ensemble / si – je – vouloir travailler
4. si – je – ne pas téléphoner – pendant des heures à mes amies, / je – passer – mon temps à travailler plus
5. je – quitter la maison – avec mes amis / si – je – terminer – mes devoirs

ÜBUNG 15 **Bilde sinnvolle Sätze aus den Satzschnipseln. Schreibe die Sätze in dein Übungsheft. Bestimme die Zeiten und die Art des Satzgefüges (Typ I, II oder III).**

si-sätze	Hauptsätze
s'il avait fait beau	tu pourrais perdre des kilos
si je faisais une fête	je lui rendrais ses CD
si tu mangeais moins de frites	le prof te donnera une punition (*Strafarbeit*)
si tu continues à faire des bêtises	j'inviterais Jeanne
si Nicole passait cet après-midi	nous serions allés au parc

WISSEN

Im Französischen kann *wenn* mit *si* oder mit *quand* wiedergegeben werden:

- Bei *wenn = falls* handelt es sich um einen **Bedingungssatz**, dann steht *si*.
- Bei *wenn = jedes Mal, wenn* bzw. *immer, wenn* handelt es sich um einen **Temporalsatz** (zeitlichen Nebensatz), dann steht *quand*.

Si tu as de la chance, tu gagneras le gros lot. – **Wenn (falls)** du Glück hast, wirst du das große Los ziehen.

Quand Georges est à la maison, toute la famille est contente. – **Wenn (immer wenn)** Georges zu Hause ist, ist die ganze Familie zufrieden.

ÜBUNG 16 **Setze *quand* oder *si* in die Lücken ein.**

1. ______ il parle allemand, je lui réponds toujours en allemand.
2. ______ vous arrivez à temps, nous pourrons visiter la cathédrale.
3. ______ mes parents ne me défendent pas d'aller au cinéma, j'irai ce soir.
4. ______ il fait beau pendant les vacances, j'irai à la plage chaque matin.
5. ______ il fait chaud, je pense aux vacances.

ÜBUNG 17 **Unterscheide die drei Bedeutungen von *si*. Übersetze dazu die folgenden Sätze ins Deutsche und schreibe sie in dein Übungsheft.**

1. Tu ne travailles pas aujourd'hui? – Si, je travaille toute la journée.
2. Si j'ai le temps, je lirai un roman policier.
3. Il me demande toujours si je viendrai cet après-midi.
4. Nos amis nous ont demandé si nous passerions une année scolaire en France.

ÜBUNG 18 **Die Freunde kennen sich nicht gut in der Verwendung von *futur* und *conditionnel* aus. In die folgenden Sätze haben sich acht Fehler eingeschlichen. Streiche sie durch und schreibe die verbesserten Sätze in dein Übungsheft.**

ACHTUNG FEHLER

Paul: Qu'est-ce que vous faisiez si vous auriez oublié de faire vos devoirs?

Nadine: Je le dirai au prof.

Claude: Moi, j'aurai pris le cahier de mon voisin ...

Étienne: Chut! Ce ne sera pas correct! Il fallait dire la vérité au prof. Quand tu lui disais la vérité, il ne te donnerais pas de punition!

Check-up Konditional

45 Minuten

AUFGABE 1 **Übertrage die unten begonnene Tabelle in dein Übungsheft und ordne die folgenden Formen richtig ein.**

il ferait – nous aurions pensé – elle était – vous trouveriez – ils finissaient – elle dormirait – tu serais – ils enverraient – elles auraient quitté – elle sortait – vous seriez arrivés – ils viendront – j'aurais cherché – tu mangeras – elle aurait bu – il descendra – je buvais

conditionnel présent	conditionnel passé	futur simple	imparfait

AUFGABE 2 **Verbinde den passenden Haupt- und Nebensatz miteinander.**

Si j'avais un ordinateur et l'internet,

Si tes amis avaient eu envie de t'accompagner,

Si tes voisins te dérangeaient *(stören)*,

Si Laurence avait participé au match de tennis,

tu serais allé chez ta tante.

je téléchargerais *(herunterladen)* des chansons de Mickey 3D.

elle aurait peut-être gagné.

il faudrait le dire au propriétaire.

AUFGABE 3 **Adrien möchte Nathalie eine Freude machen und schlägt ihr Verschiedenes vor. Bilde Sätze nach dem Muster: *Si tu voulais, on irait au théâtre.***

1. Si tu ______ (vouloir), on ______ (visiter) une exposition.
2. S'il ______ (faire) beau, nous ______ (aller) à la montagne et nous ______ (faire) un pique-nique.
3. S'il ______ (pleuvoir), on ______ (manger) au restaurant et on ______ (regarder) un film intéressant à la télé.

AUFGABE 4 **Albert hat sich das Bein gebrochen und ärgert sich nun über den Gips.**

Si je ne m'étais pas cassé la jambe ...

1. (je – pouvoir) j'aurais pu faire du foot.
2. (je – monter) ______ à cheval.
3. (nous – faire) ______ un voyage en Amérique du Sud.
4. mes copains et moi, (nous – passer) ______ deux semaines dans une colonie de vacances.
5. mes amis (ne pas venir) ______ me voir tous les jours.
6. ma mère (ne pas apporter) ______ de glace.

AUFGABE 5 **Mme Picard ärgert sich über die Nachbarskinder. Setze *si* oder *quand* ein und achte auf die Zeiten *(présent, futur simple, imparfait, conditionnel présent / passé)!***

1. ______ les enfants des voisins ______ (rentrer) du collège, ils ______ (rester) toujours à l'entrée de l'immeuble et ils ______ (faire) beaucoup de bruit.
2. ______ leurs parents ______ (ne pas être) à la maison, ils ______ (faire) toujours la fête.
3. ______ ces jeunes ______ (continuer) à faire des bêtises, je ______ (parler) à leurs parents.
4. ______ leurs parents ______ (ne pas vouloir) m'écouter, je ______ (devoir) aller chez le propriétaire de l'immeuble.
5. ______ je ______ (savoir) que ces voisins étaient si difficiles, je ______ (ne pas prendre) cet appartement et je ______ (chercher) un autre appartement.

AUFGABE 6 **Übersetze die folgenden Sätze und schreibe sie in dein Übungsheft.**

1. Wenn ich Zeit hätte, würde ich Italienisch lernen.
2. Wenn es regnet, kommt mein Hund Robby immer ins Haus.
3. Wenn ich meine Aufgaben gemacht hätte, hätte der Lehrer mir die Strafarbeit *(la punition)* nicht gegeben.
4. Bei dem Unfall soll es zwei Verletzte geben.

Subjonctif

4.1 Regelmäßige *subjonctif*-Formen

Der ***subjonctif*** ist eine Verbform, die im Deutschen keine Entsprechung hat. Er wird zwar oft als *Konjunktiv* bezeichnet, aber ganz anders als der deutsche Konjunktiv verwendet (z.B. in der indirekten Rede).

Il faut que tu **viennes** à la maison.
Il est nécessaire que je **réponde** à ta lettre.

Er sagt, dass er **abreise.** *(= Konjunktiv)*
Il dit qu'il **part.** *(= Indikativ)*

Der ***subjonctif*** steht in der Regel in Nebensätzen, die durch die **Konjunktion *que*** eingeleitet werden (↑ Kap. 4.3).

Je veux **que** vous **rentriez** à la maison.

Die Formen des ***subjonctif*** lassen sich bei den meisten Verben leicht ableiten. Man geht von der **3. Person Plural Präsens** aus, streicht die Endung und erhält so den ***subjonctif*-Stamm.** An diesen fügt man die folgenden **Endungen** an:

Singular		**Plural**	
je	*...-e*	*nous*	***...-ions***
tu	*...-es*	*vous*	***...-iez***
il / elle / on	*...-e*	*ils / elles*	***...-ent***

Verben auf -er:
ils regardent → regard-

je regard**e**	nous regard**ions**
tu regard**es**	vous regard**iez**
il / elle / on regard**e**	ils / elles regard**ent**

Verben auf -dre:
ils entendent → entend-

j'entend**e**	nous entend**ions**
tu entend**es**	vous entend**iez**
il / elle / on entend**e**	ils / elles entend**ent**

Beachte: Manche *subjonctif*-Formen gleichen den Verbformen anderer Zeiten:
- Bei den **Verben auf *-er*** sind sie im **Singular** und in der **3. Pers. Pl.** gleich wie die **Präsensformen.**
- Bei den anderen Verbgruppen ist die **3. Pers. Pl.** gleich wie die **Präsensform.**
- Bei ***nous*** und ***vous*** entsprechen sie den Formen des ***imparfait.***

Verben auf -ir:
ils sortent → sort-

je sort**e**	nous sort**ions**
tu sort**es**	vous sort**iez**
il / elle / on sort**e**	ils / elles sort**ent**

ils finissent → finiss-

je finiss**e**	nous finiss**ions**
tu finiss**es**	vous finiss**iez**
il / elle / on finiss**e**	ils / elles finiss**ent**

Merke: Diese Grundregel zur Bildung des ***subjonctif*** gilt für alle regelmäßigen, aber auch für die meisten unregelmäßigen Verben.

lire:	ils lis-ent	→ que je **lise**
mettre:	ils mett-ent	→ que je **mette**
écrire:	ils écriv-ent	→ que j'**écrive**
craindre:	ils craign-ent	→ que je **craigne**
dire:	ils dis-ent	→ que je **dise**

ÜBUNG 1 **Bilde zunächst die 3. Pers. Pl. Präsens, dann den *subjonctif*.**

chercher	ils	que tu	qu'elles
partir		que je	que nous
réfléchir		qu'elles	qu'il
ouvrir		que vous	que tu
attendre		qu'on	que vous
dire		que nous	que je
écrire		que tu	que vous
lire		qu'elle	que tu
se plaindre		qu'il	que nous

ÜBUNG 2 **Indikativ Präsens oder *subjonctif*? Lege eine Tabelle mit zwei Spalten in deinem Übungsheft an und sortiere die Verbformen.**

ils trouvent – tu répondes – ils réagissent – nous regardions – vous attendez – il lise – nous craignions – nous nous plaignons – elle mette – tu choisisses – tu applaudis – elles écrivent – nous répondions – elle sort – vous sortez – vous ouvriez – il lit – elle répond

ÜBUNG 3 ***Quelle mère sévère!* Die strenge Mme Durand gibt ihrem Sohn Antoine und ihrer Tochter Pauline Arbeitsaufträge. Setze die Infinitive in den *subjonctif*.**

1. Il faut que tu ______ (finir) les devoirs, Antoine.
2. Après, il faut que vous ______ (ranger) vos chambres.
3. Il faut aussi que tu ______ (arroser, *gießen*) les fleurs, Pauline.
4. Il est nécessaire que vous ______ (sortir) avec le chien.
5. Il faut que vous ______ (rentrer) à l'heure car il faut aussi que tu ______ (préparer) le repas du soir, Pauline.

4.2 Unregelmäßige *subjonctif*-Formen

Bei Verben, die zwischen **stamm- und endungsbetonten Formen** unterscheiden, wird im *subjonctif* diese Trennung beibehalten:

Infinitiv	3. Pers. Pl. Präs.	stammbetont / endungsbetont	ebenso:
se lever (aufstehen)	ils se l**è**vent	que je me l**è**ve que nous nous levions	se promener, acheter
jeter (werfen)	ils je**tt**ent	que je je**tt**e que nous je**t**ions	appeler
boire (trinken)	ils b**oi**vent	que je b**oi**ve que nous b**u**vions	
prendre (nehmen)	ils pre**nn**ent	que je pre**nn**e que nous pre**n**ions	apprendre, comprendre
recevoir (erhalten)	ils reç**oi**vent	que je reç**oi**ve que nous recevions	devoir
venir (kommen)	ils v**ienn**ent	que je v**ienn**e que nous v**en**ions	devenir, revenir, tenir
voir (sehen)	ils vo**i**ent	que je vo**i**e que nous vo**y**ions	envoyer, employer, essayer, payer

Wenige Verben bilden den *subjonctif* **ganz unregelmäßig.**
Du musst sie dir besonders gut einprägen!

Infinitiv	1. Pers. (Sg. / Pl.)	2. Pers. (Sg. / Pl.)	3. Pers. (Sg. / Pl.)
aller (gehen)	que j'aille que nous allions	que tu ailles que vous alliez	qu'il aille qu'ils aillent
avoir (haben)	que j'aie que nous ayons	que tu aies que vous ayez	qu'il ait qu'ils aient
être (sein)	que je sois que nous soyons	que tu sois que vous soyez	qu'il soit qu'ils soient
faire (machen)	que je fasse que nous fassions	que tu fasses que vous fassiez	qu'il fasse qu'ils fassent
pouvoir (können)	que je puisse que nous puissions	que tu puisses que vous puissiez	qu'il puisse qu'ils puissent
savoir (wissen)	que je sache que nous sachions	que tu saches que vous sachiez	qu'il sache qu'ils sachent
vouloir (wollen)	que je veuille que nous voulions	que tu veuilles que vous vouliez	qu'il veuille qu'ils veuillent

ÜBUNG 4 **Finde die richtigen *subjonctif*-Formen sowie das Lösungswort.**

1. boire: il
2. voir: nous
3. manger: vous
4. être: il
5. pouvoir: je
6. savoir: elle
7. prendre: nous
8. devoir: tu
9. perdre: vous
10. attendre: elle
11. finir: tu
12. jeter: nous
13. avoir: il
14. réagir: tu
15. mettre: ils

Lösung:

3 1 5 4 6 14 9 15   10 11   8 13 12 2 7

ÜBUNG 5 **Bilde den *subjonctif* zu den folgenden Indikativ-Formen.**

1. vous venez	ils	nous
2. tu vois	tu	ils
3. elle prend	il	vous
4. nous pouvons	je	elles
5. je suis	il	ils
6. il achète	tu	nous
7. ils paient	ils	vous

ÜBUNG 6 **Suche den Außenseiter: In jeder Zeile ist eine falsche *subjonctif*-Form. Streiche die falsche Form durch und schreibe sie richtig daneben.**

ACHTUNG FEHLER

1. elles voyiez – il voie – elles viennent
2. il boit – nous recevions – je dise
3. nous puissions – elle ait – il écrit
4. tu fasses – vous voulez – ils sachent
5. ils choisissent – elles aient – ils veulent
6. nous réussissions – vous réfléchissez – il soit

4.3 Gebrauch des *subjonctif*

Der *subjonctif* ist wie der Indikativ (Wirklichkeitsform), der Imperativ (Befehlsform) und das *conditionnel* (↑ Kap. 3.3) ein Modus: Er drückt also die **Einstellung des Sprechers zu dem Gesagten** aus.

Nadine est là. *(Tatsache → Indikativ)*
Paul est heureux que Nadine **soit** là.
(persönliche Stellungnahme → subjonctif)

Einer ***subjonctif*-Form** geht immer ein ***que*** voraus.

Il faut que tu **viennes.**

Der ***subjonctif* muss automatisch** nach **bestimmten Verben** und **unpersönlichen Ausdrücken** stehen, die die persönliche Stellungnahme zum folgenden Satz ausdrücken. Diese ***subjonctif*-Auslöser** lassen sich in drei Gruppen einteilen:

Je suis contente que mes amis **veuillent** m'accompagner.
Ma mère veut que nous **travaillions.**
Il est nécessaire que vous **appreniez** pour le contrôle.

- Ausdrücke, die einen **Wunsch,** eine **Bitte** oder einen **Vorschlag** bezeichnen.

J'aimerais que vous **veniez** à l'heure.

- Ausdrücke, die eine **Notwendigkeit** oder eine **Forderung** bezeichnen.

Il est temps que tu **sois** là.

- Ausdrücke, die eine **persönliche Stellungnahme** oder ein **Gefühl** (z. B. Bedauern, Zweifel, Zufriedenheit, Verwunderung, Angst) bezeichnen.

Je doute qu'il **ait** raison.
Nous sommes heureux que notre tante nous **rende** visite.
J'ai peur qu'il **ait** un accident.

Der ***subjonctif*** steht automatisch nach den folgenden Ausdrücken, die einen **Wunsch,** eine **Bitte** oder einen **Vorschlag** bezeichnen:

j'aimerais que	ich hätte gern
aimer bien que	gerne haben
aimer mieux / préférer que	lieber haben
je voudrais que	ich möchte
proposer que	vorschlagen
désirer que	wünschen

Nous aimerions que vous **écriviez** cette lettre.
Elle aime bien que nous **mangions** dans ce restaurant.
Il aime mieux / préfère qu'on **aille** dans un bistro.
Je voudrais que Monique **prenne** des photos.
Elle propose que nous **allions** dans un café.
Mon père désire que nous **partions.**

Merke: Wenn in Haupt- und Nebensatz **Subjektsgleichheit** besteht, so steht kein *que*-Satz mit *subjonctif,* sondern eine **Infinitivkonstruktion.**

Nous **aimerions faire** un voyage.
Je **voudrais accompagner** mes amis.
Tu **veux réparer** la voiture.

Der *subjonctif* steht automatisch nach den folgenden Ausdrücken, die eine **Notwendigkeit** oder eine **Forderung** bezeichnen:

il faut que	man muss / es ist nötig
il est important que	es ist wichtig
il est nécessaire que	es ist nötig
il est normal que	es ist normal
il est naturel que	es ist natürlich
il est temps que	es ist (höchste) Zeit
il vaut mieux que	es ist besser
vouloir que	wollen, dass

Il faut que tu **fasses** les devoirs.
Il est important que vous **alliez** chez le médecin.
Il est nécessaire qu'elle **finisse** son travail.
Il est normal que tu **sois** chez toi à minuit.
Il est naturel que tu **sois** fatigué.
Il est temps que les enfants **rentrent.**
Il vaut mieux que tu **corriges** tes fautes.
Je veux que vous **répariez** la voiture.

Der *subjonctif* steht automatisch nach den folgenden Ausdrücken, die eine **persönliche Stellungnahme** oder ein **Gefühl** bezeichnen:

il est dommage que	es ist schade
il est juste que	es ist gerecht
il est (im)possible que	es ist (un)möglich
il est utile que	es ist nützlich
il me plaît / cela m'amuse que	es gefällt mir
être surpris(e) que	überrascht sein
être triste	traurig sein
être (mal)heureux / (mal)heureuse que	(un)glücklich sein
être content(e) que	zufrieden sein
être désolé(e) que	betrübt sein
craindre que	fürchten
avoir peur que	Angst haben
se plaindre que	sich beklagen
détester que	verabscheuen

persönliche Stellungnahme:
Il est dommage que tu ne **fasses** pas le contrôle de maths.
Il est juste que vous **rentriez** à la maison.
Il est possible qu'elle ne **finisse** pas son travail.
Il est utile que vous **prépariez** la pièce de théâtre.
Il me plaît que nous **jouions** au foot.

Gefühl:
Il est surpris que tu **sois** fatigué.
Je suis triste et malheureux que tu ne **viennes** pas.
Ils sont contents que les vacances **arrivent.**
Je suis désolée que vous ne **puissiez** pas réparer la voiture.
Nous craignons / avons peur qu'il y **ait** un orage (Gewitter).
Ils se plaignent que les vacances **finissent.**
Elle déteste qu'il y **ait** des araignées (Spinnen).

Der *subjonctif* steht nach dem Verb ***trouver*** in Verbindung mit einem **Adjektiv:**

trouver bon / mauvais que	gut / schlecht finden	Je trouve bon / mauvais qu'il **pleuve.**
trouver bête que	dumm finden	Nous trouvons bête qu'il **neige.**
trouver important que	wichtig finden	Il trouve important que tu **sois** sage (lieb).

WISSEN

ÜBUNG 7 **Übertrage die unten begonnene Tabelle in dein Übungsheft und ordne die Ausdrücke den drei Gruppen der *subjonctif*-Auslöser zu.**

je suis triste que – elle trouve bon que – nous voulons que –
il est important que – je voudrais que – il propose que – il faut que –
tu aimes mieux que – elle a peur que – elle aimerait que –
il désire que – il est utile que – vous détestez que – il vaut mieux que

Wunsch, Bitte, Vorschlag	Notwendigkeit, Forderung	Persönliche Stellungnahme, Gefühl

ÜBUNG 8 **Buchstabensalat! Finde die *subjonctif*-Formen und trage sie richtig ein.**

1. Il faut que tu sasfse ______ tes devoirs.
2. Je veux que vous paperzein ______ le poème.
3. Il est important que tu rsotse ______ à temps *(rechtzeitig)*.
4. Il est possible que ma fille tiso ______ en ville.
5. Je suis triste qu'il uelpev ______ aujourd'hui.
6. Je préfère que tu èaesthc ______ des frites; je n'aime pas les nouilles *(Nudeln)*.

ÜBUNG 9 **Sind die folgenden Sätze richtig? Kreuze an und schreibe die verbesserten Sätze in dein Übungsheft.** ACHTUNG FEHLER

	correct	incorrect
1. On n'aime pas que vous dormez jusqu'à midi.		
2. Je préfère que vous faites vos devoirs.		
3. Je pense que tu as raison.		
4. Elle veut que vous fassiez les courses au marché.		
5. Elle dit qu'elle passe les vacances en Italie.		
6. Luc est malheureux que nous devons partir.		
7. Elle est triste que Pierre ne l'aime plus.		

ÜBEN

ÜBUNG 10 Finde die Puzzleteile, die zusammengehören, und bilde daraus fünf sinnvolle Sätze mit der richtigen Wortstellung. Schreibe in dein Übungsheft.

il faut que | et que Nadine soit | en France | toujours des bêtises | nous préférons que | elle trouve bête que | je suis triste que | vous travailliez | Pierre fasse | je suis contente que | tu prennes | il soit | il ait | cet anorak | en Allemagne | de bonnes notes

WISSEN +

Verben des Meinens und Denkens
Die Verben und Ausdrücke des Meinens und Denkens (*croire, penser, trouver, être d'avis* usw.) stehen in der Regel mit dem Indikativ.

Tu es d'avis que ce **sont** des problèmes. – Je pense que c'**est** correct. – Nous croyons que tu n'**as** pas raison.

Wenn sie jedoch **verneint** verwendet werden, folgt der ***subjonctif***.

Je ne suis pas d'avis que ce **soit** correct. – Ne crois-tu pas qu'il **vienne?**

ÜBUNG 11 Indikativ oder *subjonctif?* Setze den richtigen Modus ein.

1. Je ne crois pas que le prof ______ (écrire) un contrôle aujourd'hui.
2. Nous trouvons qu'on nous ______ (dire) la même chose.
3. Elle ne pense pas que tu ______ (être) trop fatiguée.
4. Si tu es d'avis que ce ______ (être) correct, tu auras raison.
5. Maman dit qu'elle ______ (lire) un livre pendant les vacances.

ÜBUNG 12 **Mme und M. Dubois schimpfen mit ihrer Tochter Fabienne. Setze den *subjonctif* ein.**

1. Nous n'aimons pas que tu __________ (dormir) jusqu'à midi.
2. Nous ne voulons pas que tu __________ (sortir) chaque soir avec tes copines.
3. On voudrait bien que toi et ton frère, vous __________ (ranger) vos chambres.
4. Nous désirons que tu nous __________ (aider) à faire le ménage *(Haushalt)* et que vous __________ (faire) les courses pour nous.
5. Nous pensons qu'il __________ (falloir) que les enfants __________ (vouloir) aider les parents.
6. Si vous pensez que nous __________ (ne pas avoir raison), vous pouvez trouver une autre solution.
7. Vous ne croyez pas qu'il __________ (falloir) trouver une solution?
8. Fabienne dit: «Je trouve bête que vous nous __________ (dire) la même chose chaque jour.»

ÜBUNG 13 **Ergänze die Sätze mithilfe der Bilder. Verwende den *subjonctif*, wenn nötig.**

1. Il vaut mieux que tu __________ pour aller à Paris.

2. Je pense que tu __________ trop de chocolat.

3. Je ne crois pas que ce __________ __________.

4. Nous voulons que vous __________ __________.

ÜBUNG 14 **M. Charles ist Mathematiklehrer. Seine Schüler wollen einfach nicht tun, was er sagt. Deshalb gibt er ihnen Verhaltensregeln. Setze den *subjonctif* ein. Einmal steht der Indikativ (↑ Wissen+ S. 58).**

1. Je veux que vous ______ (respecter) les règles pendant les cours.
2. Il faut que tous les élèves ______ (ne pas faire) de bêtises.
3. Je trouve bête que beaucoup d'élèves ______ (écrire) des lettres pendant mes cours.
4. Il est nécessaire que nous ______ (avoir) des cours de maths agréables.
5. Il est important que vous ______ (faire) vos devoirs à la maison, pas avant les cours.
6. Je déteste que vous ______ (être) en retard chaque matin.
7. Comme ça, je pense qu'on ______ (pouvoir) travailler bien ensemble.

WISSEN+

Nach den Verben ***espérer*** und ***promettre*** steht **Indikativ**, meistens ***futur simple.***

J'espère que tu **viendras** demain.
Tu me promets que tu **seras** à la maison vers huit heures?

ÜBUNG 15 **Bilde Sätze aus den Satzschnipseln. Schreibe in dein Übungsheft.**

1. tu – il faut que – de(s) bonnes idées – avoir
2. que – nous – préférer – vous – connaître – la route – pour Brignoles
3. elle – trouver – que – ce chanteur – être super
4. que – il vaut mieux – vous – rentrer – à la maison
5. espérer – que – nous – il – faire – beau – demain

ÜBUNG 16 **Christine ist verzweifelt. In ihrer Klasse macht Christian ständig Ärger. Sie schreibt einen Brief an ihre Freundin. Hier haben sich zehn Fehler bei den Verbformen eingeschlichen. Korrigiere die falschen Sätze und schreibe sie in dein Übungsheft.**

ACHTUNG FEHLER

Chère Marie,

Christian, un élève de ma classe, a beaucoup de problèmes dans notre lycée parce qu'il fait toujours des bêtises: le prof défend que nous parlons pendant les cours d'allemand mais Christian trouve bizarre que le prof n'est pas d'accord avec nous. Christian veut que nous chantons des chansons pour agacer *(ärgern)* le prof. Il propose que nous faisons beaucoup de bruit.

Nous avons peur que le prof nous donne des punitions. Moi, je pense que Christian soit très bête. Je désire que le prof connaît toutes les bêtises de Christian. S'il ne change pas, je veux que Christian doit quitter notre classe. Je ne crois pas que nous pouvons le changer. Il faut que nous nous en sortons *(einen Ausweg finden)*. J'aimerais que vous, toi et ton frère, pourriez me donner un conseil *(Ratschlag)*. J'espère qu'on trouvera une solution. Tu me promets que tu me répondras vite?

À bientôt! Cordialement,

Christine

ÜBUNG 17 **Übersetze die folgenden Sätze und schreibe sie in dein Übungsheft.**

1. Es ist nötig, dass du mir zuhörst.
2. Ich bin der Meinung, dass Monique eine gute Lösung hat.
3. Glaubst du, dass wir nächstes Jahr nach Frankreich fahren?
4. Sabine hätte es gerne, dass Pierre Fotos macht.
5. Wir schlagen vor, dass ihr uns jetzt das Haus zeigt.
6. Ich möchte gerne, dass wir in der Schule viele Sprachen lernen können.
7. Er hofft, dass sie Englisch fließend sprechen wird *(parler couramment)*.
8. Mathilde findet es gut, dass du ein Handy hast.
9. Wenn du denkst, dass es heute regnet, dann hast du Unrecht *(avoir tort)*.
10. Er will, dass wir die Blumen gießen *(arroser)*.

ÜBEN

Check-up Subjonctif

45 Minuten

AUFGABE 1 **Bilde die entsprechenden *subjonctif*-Formen.**

ils ont		elles sont	
elle part		je veux	
elles réfléchissent		ils craignent	
nous ouvrons		vous écrivez	
tu attends		je tiens	
je dis		nous buvons	
elle écrit		tu sais	
nous lisons		il peut	
il se plaint		il fait	

AUFGABE 2 **Wünsche: Setze die Verbformen im Indikativ oder im *subjonctif* ein.**

1. Je voudrais que mes copines ______ (venir) me voir plus souvent.
2. J'aimerais que les professeurs ______ (faire) attention à leurs élèves.
3. Je pense que les élèves ______ (pouvoir) aussi aider les professeurs à faire des projets intéressants à l'école.
4. Je suis contente qu'on ______ (apprendre) beaucoup à l'école.
5. J'espère que nous ______ (passer) les vacances en Angleterre.
6. Je désire qu' il ______ (faire) beau demain.
7. Mon frère et moi, nous aimerions bien qu'ils ______ (faire) une boum avec nos copains.
8. J'aimerais aussi que mes parents ______ (acheter) un chien pour nous.

AUFGABE 3 ***Vive l'amour!*** **– Es lebe die Liebe! Étienne ist in Annie verliebt. Suche jeweils das passende Verb und setze es in den *subjonctif,* wenn nötig.**

> aller – oublier – devenir – être – avoir – pouvoir – penser – devoir – falloir – être

1. Je désire qu'Annie _______________ ma copine.
2. Elle pense que je _______________ amoureux de Christine.
3. J'aime bien que nous _______________ au cinéma de temps en temps.
4. Mes parents pensent que je _______________ triste parce que j'ai écrit une mauvaise note en latin.
5. Mais c'est triste que je ne _______________ pas être le copain de ma chère Annie.
6. Mes amis trouvent que je _______________ trop à Annie et que je _______________ les rendez-vous avec eux.
7. J'ai toujours peur qu'Annie _______________ un autre ami et que je _______________ avoir une autre copine.
8. Tu ne penses pas qu'il _______________ trouver une autre amie.

AUFGABE 4 **Übersetze die folgenden Sätze und schreibe sie in dein Übungsheft.**

1. Ich bin traurig, dass sich meine Freunde über mich lustig machen *(se moquer de)*.
2. Meine Eltern wollen nicht, dass ich zu viele Dummheiten mache, sondern dass ich gut in der Schule lerne.
3. Ich mag es überhaupt nicht, dass meine Freundin sich immer mit mir streitet *(se disputer)*.
4. Wir wollen, dass ihr euch einigt *(se mettre d'accord)* und nicht mehr streitet.
5. Es ist wichtig, dass du dem anderen zuhörst *(écouter l'autre)*.
6. Ich habe Angst, dass heute der Rektor *(le proviseur)* kommt.
7. Du hoffst, dass das Wetter morgen gut ist.
8. Ich halte es für wichtig, dass man an andere denkt.
9. Ihr glaubt nicht, dass Eric heute Abend mit uns ins Kino geht.
10. Ich freue mich, dass wir am Wochenende einen Ausflug in die Vogesen *(les Vosges)* machen.

5.1 Direkte und indirekte Objektpronomen

Im Französischen wird das **direkte Objekt** (Akkusativ: *wen oder was?*) **ohne Präposition** an das Verb angeschlossen. Das **indirekte Objekt** (Dativ: *wem?*) wird dagegen **mit Präposition** angefügt.	Je regarde **le livre de maths.** *(dir. Obj.)* Ils donnent le livre **à Marie.** *(indir. Obj.)*
Objekte können durch **Objektpronomen** vertreten werden (Angleichung des Partizips ↑ Kap. 2.2). **Direkte Objektpronomen:** **Singular** / **Plural** *me* / *nous* *te* / *vous* *le / la* / *les*	Tu vois le frère de Nicole? – Oui, je **le** vois dans le jardin. Vous connaissez mes parents? – Non, je ne **les** connais pas.
Indirekte Objektpronomen: **Singular** / **Plural** *me* / *nous* *te* / *vous* *lui* / *leur*	Tu écris une lettre à tes grands-parents? – Oui, je **leur** écris une lettre. Il donne des fleurs à Marie? – Oui, il **lui** donne des fleurs.
Merke: me, te, nous, vous können sowohl direktes als auch indirektes Objekt sein.	Tu **me** connais depuis peu. *(dir. Obj.)* – Cette robe **me** plaît. *(indir. Obj.)*
Vor Vokal und stummem *h* wird apostrophiert: ***me → m', te → t', le / la → l'.***	Tu **m'**as appelé. Je **t'**ai vu. La lettre? Je **l'**écrirai ce soir.
Achtung: Die Verbergänzung im Französischen stimmt häufig, aber nicht immer mit der deutschen Ergänzung überein. **Lerne deshalb immer ein Verb zusammen mit seiner Ergänzung!**	Je **leur** téléphonerai demain. *(indir. Obj.)* – Ich werde **sie** morgen anrufen. *(dir. Obj.)* Elle **les** aide. *(dir. Obj.)* – Sie hilft **ihnen.** *(indir. Obj.)*
Merke dir besonders: ***aider qn*** – jemandem helfen ***écouter qn*** – jemandem zuhören ***demander à qn*** – jemanden fragen / bitten ***téléphoner à qn*** – jemanden anrufen	Je **l'**écoute. *(dir. Obj.)* – Ich höre **ihm** zu. *(indir. Obj.)* Tu **le lui** demandes. *(dir. Obj. + indir. Obj.)* – Du fragst **es ihn / sie.** *(dir. Obj. + dir. Obj.)*

Das **Objektpronomen** steht in der Regel **vor dem konjugierten Verb.**	Cette robe **me** plaît. Je **l'**achète. Tu as vu mon stylo? – Oui, je **l'**ai vu. Vous donnez les verres à vos amis? – Oui, on **leur** donne les verres.
Achtung: Bei Verben mit Infinitivanschluss steht das Objektpronomen **vor dem Infinitiv** (*pouvoir / vouloir / savoir / aller / il faut* + Objektpronomen + Infinitiv).	Le film? Je veux **le** regarder. Tu peux **m'**aider? La fille ne sait pas **l'**ouvrir.
Stehen **mehrere Objektpronomen,** musst du dir genau überlegen, ob es sich um ein direktes oder ein indirektes Objektpronomen handelt. Jedes Objektpronomen hat seine feste Stellung im Satz:	
■ Die **indirekten** Objektpronomen ***me, te, nous, vous*** stehen **vor den direkten** Objektpronomen ***le, la, les:*** ***me, te, nous, vous + le, la, les***	Il **me le** demande. Nous **te la** donnons. Nadine **nous les** rend aujourd'hui. L'apéritif? Je **vous l'**offre tout de suite.
■ Die **indirekten** Objektpronomen ***lui*** und ***leur*** stehen **nach den direkten** Objektpronomen ***le, la, les:*** ***le, la, les + lui, leur***	Il **le lui** demande. Nous **la lui** donnons. Elle **les leur** rend aujourd'hui. L'apéritif? Je **le leur** offre tout de suite.
Diese Reihenfolge gilt auch, wenn die Objektpronomen vor einem Infinitiv stehen.	Il veut **me le** demander. Nous pouvons **vous le** rendre. Elle veut **les leur** rendre. Je vais **le leur** offrir tout de suite.
Achtung: Das Objektpronomen ***leur*** hat **nie ein *s!*** Verwechsle es nicht mit dem Possessivbegleiter *leur / leurs!*	Je vais **leur** montrer <u>leurs</u> chambres.
Die **Verneinung** umschließt das konjugierte Verb. Wenn die **Objektpronomen vor dem konjugierten Verb** stehen, so werden auch sie von der Verneinung **umklammert.**	Je **ne le lui** demande **pas.** Nous **ne le leur** avons **plus** demandé. Vous ne pouvez pas **la lui** donner.
■ Beim **verneinten Imperativ** stehen die Objektpronomen wie beim Aussagesatz **vor dem Verb.**	Ne **l'**achète pas. Ne **les leur** donnez pas. Ne **me la** montre pas.
■ Beim **bejahten Imperativ** werden die Objektpronomen hinter dem Imperativ **mit einem Bindestrich** angefügt. Dabei werden ***me*** und ***te*** zu ***moi*** und ***toi.*** Das direkte Objekt steht hier dem Imperativ am nächsten.	Achète-**la.** Donnez-**les-leur.** Montre-**la-moi.** Dépêche-**toi.**

ÜBUNG 1 **Ergänze die fehlenden Objektpronomen. Ein Pronomen bleibt übrig.**

la - le - leur - lui - moi - le - les - la - te - la - vous

1. Il ______ donne la robe.
2. Carla Bruni, je ______ trouve extra!
3. Le foot ______ plaît, Pierre?
4. Donne- ______ le livre.
5. Je ______ montre la photo, Luc et Tim?
6. Tu ______ as téléphoné?
7. La voiture? Vous allez ______ acheter?
8. Les fleurs, je ______ adore.
9. C'est Luc. Tu vas ______ aider?
10. La bouteille? On ______ ouvre.

ÜBUNG 2 **Beantworte die Fragen und ersetze dabei die rot markierten Satzglieder durch Pronomen. Die Gesichter zeigen dir, ob du eine positive oder negative Antwort geben sollst. Achte auf die Stellung der Pronomen! Schreibe in dein Übungsheft.**

1. Tu montres les livres à Pascal? ☺
2. Vous me donnez la BD? ☹
3. Marie peut nous expliquer les devoirs? ☺
4. Elle le demandera plus tard à Nicole? ☹
5. Luc vous a envoyé le cadeau? ☹
6. Sabine nous présente Laurent? ☺
7. Vous racontez cette histoire à Marc? ☹
8. Elle t'a écrit la lettre? ☹
9. Paul va offrir les disques aux enfants? ☺
10. Vous allez nous acheter la voiture? ☺
11. Ils rendent les vélos à Lisa et Luc? ☹
12. Elles nous présentent à Étienne? ☺

WISSEN+

Die Kombination macht's!

Du kannst **nur bestimmte** Pronomen miteinander kombinieren:

- ***me, te, nous, vous*** mit ***le, la, les*** (Gruppe I: indirekt + Gruppe II: direkt),
- ***le, la, les*** mit ***lui, leur*** (Gruppe II: direkt + Gruppe III: indirekt)

Merke dir besonders:
présenter qn à qn – jdm. jdn. vorstellen

Gruppe I + II:
Il **me** **le** donne.
te **la**
nous **les**

Gruppe II + III:
Je **le** **lui** montre.
la **leur**
les **lui**

Il **me le** présente. – Er stellt ihn mir vor. *(I + II)*
Elle **le lui** présente. – Sie stellt ihn ihm / ihr vor. *(II + III)*
aber: Il **me** présente **à elle.** – Er stellt mich ihr vor. *(I + III ist nicht möglich!)*

ÜBUNG 3 **Bilde Sätze und schreibe sie in dein Übungsheft. Achte auf die Wortstellung und auf die Endungen des *participe passé*!**

1. jamais – nous – veut – expliquer – le – Marie – ne
2. va – me – vendre – les – M. Leclerc
3. acheté – leur – as – la – tu – la semaine dernière
4. ne – raconté – le – jamais – elles – ont – lui

WISSEN +

Die Pronomen tanzen aus der Reihe!
Bei den folgenden Konstruktionen stehen die Objektpronomen **nicht vor dem Infinitiv:**

faire faire qc	(veran)lassen	Je **le** fais travailler.
laisser faire qc	(zu)lassen	Vous **les** laissez dormir? – Non, nous ne **les** laissons pas dormir.
écouter / entendre qn faire qc	zuhören / hören, wie jmd. etw. tut	Je **l'**écoute chanter. Nous **les** entendons crier.
regarder / voir qn faire qc	zusehen / sehen, wie jmd. etw. tut	Elle **nous** voit aller à la piscine. Il **te** regarde faire les devoirs.

ÜBUNG 4 **Übersetze die folgenden Sätze und schreibe sie in dein Übungsheft.**

1. Willst du die CDs den Kindern schenken *(offrir)*? – Nein, ich will sie ihnen nicht schenken.
2. Habt ihr eure neuen Kleider euren Freunden gezeigt? – Ja, wir haben sie ihnen gezeigt.
3. Gib es (das Buch) ihm nicht, gib es mir!
4. Ich kann mir die Haare schneiden *(couper les cheveux)*, aber du lässt dir sie immer schneiden.
5. Ich höre sie (die Hunde) kommen.
6. Habt ihr eurem Bruder die Geschichten vorgelesen? – Nein, wir haben sie ihm noch nicht vorgelesen, aber heute Abend werden wir sie ihm erzählen.
7. Der Lehrer lässt ihn arbeiten. Er lässt ihn nicht im Unterricht schlafen.
8. Kannst du mich eurem Freund Luc vorstellen? – Ja, ich kann dich ihm vorstellen.

5.2 Die Adverbialpronomen *y* und *en*

Das Pronomen *y* ■ ersetzt **Ortsangaben,** die auf die Frage *wo?* oder *wohin?* stehen. Diese können mit ***à, en, chez, dans, sur, sous*** usw. eingeleitet werden. Man kann *y* mit „dort / dorthin" übersetzen, gelegentlich wird es im Deutschen gar nicht wiedergegeben.	Tu ne pars pas pour Lyon? – Si, j'**y** vais. Vous allez partir en Italie cette année? – Oui, nous allons **y** partir au mois d'août. Le chat dort sous le lit? – Non, il n'**y** dort pas. Vous avez oublié le portable dans le bus? – Oui, j'**y** ai oublié le portable.
■ kann auch andere **Ergänzungen mit *à*** ersetzen und wird dann mit „daran" übersetzt (übertragener Sinn).	Tu penses aux vacances? – Oui, j'**y** pense tout le temps.
Merke: Besonders häufig sind die folgenden Wendungen mit ***y:***	
Ortsangabe + ***il y a*** es gibt	Dans la cuisine, **il y a** des croissants.
On y va. Gehen wir! Auf geht's!	Il est temps d'aller à la maison. On **y va.**
Vas-y. Geh'! Auf geht's! (***s*** als Bindekonsonant!)	Dépêche-toi. **Vas-y.**
Allez-y. Geht! Auf geht's!	Dépêchez-vous. **Allez-y.**
Das Pronomen *en* ersetzt **Ergänzungen mit der Präposition *de*.** Es steht daher ■ bei **Ortsangaben,** die auf die Frage *woher?* oder *wovon?* stehen; ***en*** kann man dann mit „von dort" übersetzen;	Vous venez de Paris, Mme Legrand? – Oui, j'**en** viens. (von dort)
■ beim **Teilungsartikel** *(du, de la, de l')*; ■ beim **unbestimmten Artikel** *(un, une, des)*; ***en*** wird hier mit „davon" übersetzt, häufig bleibt es jedoch unübersetzt!	Tu prends du café? – Oui, j'**en** prends. Elle prend des citrons? – Oui, elle **en** prend. (Sie nimmt welche / davon.) Tu achètes des pommes? – Non, je n'**en** achète pas. (Nein, ich kaufe keine.)
■ bei **Mengenangaben mit *de*** (z. B. *beaucoup de, ne ... pas de* (= Nullmenge) etc.). Wenn *en* ein Nomen mit Zahlwort, Mengenangabe oder Mengenwort vertritt, müssen diese Zahl- und Mengenwörter nach dem Verb wiederholt werden.	Tu prends beaucoup de tomates? – Oui, j'**en** prends **beaucoup.** Tu achètes une salade? – J'**en** achète **une.** Il n'a pas d'argent? – Non, il **n'en** a **pas.**
■ bei **Verben mit *de* als Ergänzung** (z. B. *parler de*); es bedeutet dann „darüber / davon".	Elles ont parlé du CD de Zazie? – Elles **en** ont parlé.
Achtung: Das **Pronomen *en*** steht immer vor einem **Verb,** die **Präposition *en*** steht immer vor einem **Substantiv.**	J'**en mange.** – Ich esse davon. Il va **en France.** – Er geht nach Frankreich.

Die Pronomen ***y*** und ***en*** ersetzen **keine Personen!** Stattdessen steht **Präposition + unverbundenes Personalpronomen** *(moi, toi, lui / elle, nous, vous, eux / elles)*!	Vous pensez à Claude et à Frank? – Oui, nous pensons **à eux.** Elle ne pense jamais à Mathilde? – Si, elle pense toujours **à elle.** Tu parles de Lucille et de Nicole? – Non, je ne parle pas **d'elles.**
Für die **Stellung von *y* und *en*** gelten die gleichen Regeln wie für die Objektpronomen. Sie stehen also	
■ vor dem **konjugierten Verb;**	Des frites? Oui, j'**en** prends encore. Tu **y** vas?
■ innerhalb der **Verneinung** (*ne ... pas, ne ... plus* etc.);	Non, je n'**en** prends plus. Je n'**y** pense pas.
■ bei Verben mit **Infinitivergänzung** vor dem Infinitiv;	Je voudrais **en** manger. Il vaut mieux **y** penser.
■ beim **verneinten Imperativ** vor dem Verb;	N'**en** achète pas. N'**y** pensez pas.
■ beim **bejahten Imperativ** nach dem Verb mit Bindestrich.	Mangez-**en.** Allez-**y.**

Achtung: Stehen **mehrere Pronomen** in einem Satz, dann stehen ***y*** und ***en*** immer an letzter Stelle!

Merke dir die **Flagge** der Objektpronomen:

me				
te	*le*	*lui*		
se	*la*		*y*	*en*
nous	*les*	*leur*		
vous				

Il te donne des pommes? – Oui, il **m'en** donne sept.
Il **leur en** achète assez.
Marc veut **les y** mettre.
Nous voulons **vous y** suivre.

In der Wendung ***il y a*** steht immer ***y* vor *en*.**

Il y a encore des bananes? – Oui, il **y en a** encore trois. – Et des pommes? – Non, il n'**y en a** plus.

Merke: en vor *y* gibt es nie!

ÜBUNG 5 **Ersetze die rot markierten Satzteile durch *y* oder *en*.**

1. Il ne parle pas de ses vacances.
2. Maman ne veut pas aller à Paris.
3. Pierre a acheté du vin.
4. Vous pensez à l'anniversaire de Paul.
5. Vous avez deux chiens.
6. Elles ont beaucoup d'argent.
7. Nous n'allons pas prendre de légumes.
8. La souris se trouve devant l'ordinateur.

ÜBUNG 6 **Beantworte die Fragen mit *y* oder *en*.**

1. Vous avez acheté des tomates? –
   Oui, nous .

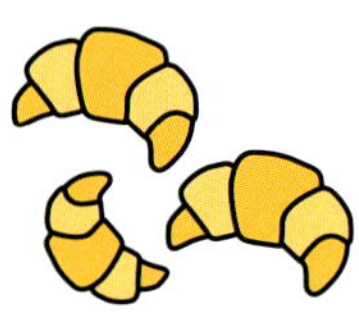

2. Il y a encore des croissants?–
   Oui, .

3. Elle a beaucoup de bonbons? –
   Non, .

4. Tu penses aux vacances? –
   .

5. Vous avez déjà acheté des pommes? –
   .

ÜBUNG 7 **Ergänze die fehlenden Objektpronomen (↑ Kap. 5.1) und Adverbialpronomen.**

1. Est-ce que ce restaurant plaît à tes amis? – Oui, il ______ plaît beaucoup.
2. Est-ce qu'ils vont souvent dans ce restaurant? – Oui, ils ______ vont très souvent.
3. Où est la carte? Le garçon ______ apporte aux clients?
4. Le garçon ______ ______ apporte tout de suite.
5. Tu prends le menu à 15 euros? – Non, je ne ______ prends pas.
6. Tu aimes le poisson? – Oui, je ______ aime. Du poisson, je ______ mange souvent.
7. Est-ce qu'il y a des escargots *(Schnecken)* aujourd'hui? – Désolé, il n' ______ ______ plus.
8. Vous désirez du vin? – Oui, je ______ veux bien, le vin blanc va très bien avec le poisson.
9. Vous prenez un dessert? – Oui, nous ______ prenons deux. Vous avez du fromage? – Oui, on ______ a beaucoup.
10. Tu prends mon dessert? J'ai trop mangé. – Oui, je ______ prends avec plaisir.

ÜBUNG 8 **Übersetze die folgenden Sätze.**

Gibt es noch Brot? – Nein, es gibt keines mehr. – Und Tomaten? – Ja, es gibt noch zwei.

______

Habt ihr ihnen Läden in der Stadt gezeigt? – Nein, wir haben sie ihnen noch nicht gezeigt, aber wir werden morgen dorthin gehen.

______

Immer denke ich an das Wochenende. – Ich denke auch oft daran.

______

Denken Sie oft an Ihre Freunde in Frankreich? – Ja, wir denken jeden Tag an sie.

______

5.3 Relativpronomen

Ein **Relativsatz** bestimmt ein Substantiv des übergeordneten Satzes näher. Er wird durch ein **Relativpronomen** eingeleitet. *Merke:* Anders als im Deutschen steht im Französischen **kein Komma** vor dem Relativsatz.	*Hauptsatz* ↓ *Relativsatz* ↓ Je regarde le livre **qui est sur l'étagère.** Tu achètes la robe **que tu as vue hier.** Voilà le magasin **où j'ai acheté la jupe.**
Das Relativpronomen ***qui*** (der, die, das) ist stets **Subjekt** eines Relativsatzes; ***qui*** kann sich auf Personen und Dinge beziehen. *Merke:* ***qui*** ist **unveränderlich** und wird **nie apostrophiert.**	Voilà la fille **qui** a bien chanté pendant le concert. Tu as vu les gens **qui** passaient devant le magasin. Vous regardez le lion **qui** avait les yeux fermés.
Die Präposition ***à*** in Verbindung mit dem Relativpronomen ***qui*** steht bei **Personen** als indirektes Objekt des Relativsatzes. ***Qui*** wird auch **nach anderen Präpositionen** nur für Personen verwendet.	C'est la femme **à qui** j'ai écrit une lettre. – Da ist die Frau, der ich einen Brief geschrieben habe. Les amis **pour qui** j'ai acheté un souvenir habitent à Paris.
Das Relativpronomen ***que*** (den, die, das) ist **direktes Objekt** eines Relativsatzes; ***que*** kann sich auf Personen und Dinge beziehen. *Merke:* ***que*** ist **unveränderlich** und wird vor Vokal **apostrophiert.**	Tu aimes les fleurs **que** je t'ai données ? Voilà l'arbre **que** mon père a planté hier. Je te présente Mme Durand **que** nous connaissons depuis longtemps. Tu lis aussi le livre **qu'**il t'a donné. Voilà les CD **qu'**elle cherche.
Das Relativpronomen ***où*** bezieht sich stets auf eine **Orts- oder Zeitangabe** des Hauptsatzes.	C'est la ville **où** Lisa habite. – Das ist die Stadt, in der Lisa wohnt. Le 15 août, c'est le jour **où** nous partirons en vacances. – Der 15. August ist der Tag, an dem wir in Urlaub fahren werden.
Die Relativpronomen ***ce qui / ce que*** (was) beziehen sich nicht auf ein einzelnes Substantiv, sondern auf einen **ganzen Satz:** ■ ***ce qui*** ist das **Subjekt,** ■ ***ce que*** das **direkte Objekt** des Relativsatzes.	Dites-moi **ce qui** s'est passé hier. – Sagt mir, was gestern geschehen ist. Raconte **ce que** tu as vu au parc. – Erzähle, was du gestern im Park gesehen hast.

WISSEN

Das Relativpronomen ***dont*** ersetzt eine **Ergänzung mit *de*** im Relativsatz. Es kann sich auf **Personen** und **Sachen** beziehen. Es ist **unveränderlich.**

Sabine cherche les livres.
Elle a besoin de ces livres.
Léa cherche les livres **dont** elle a besoin.

Im Gegensatz zum Deutschen lautet die Wortstellung nach ***dont*** immer:
Subjekt – Verb – Objekt.

Merke: Das Substantiv im Relativsatz mit ***dont*** steht immer mit **einem Begleiter.**

Paris est une ville **dont** les musées sont très intéressants. – Paris ist eine Stadt, deren Museen sehr interessant sind.
Voilà le Musée Grévin **dont** nous avons vu les photos. – Da ist das Museum Grévin, von dem wir Fotos gesehen haben.

Die Relativpronomen ***lequel, laquelle, lesquels, lesquelles*** stehen **nach Präpositionen** (z. B. *dans, pendant*) und **präpositionalen Ausdrücken** (z. B. *près de*). Sie beziehen sich auf **Sachen** und richten sich in **Genus** und **Numerus** nach ihrem **Bezugswort.**

Voilà le village **dans lequel** j'ai habité pendant 15 ans. (in dem ich gelebt habe)

Tu vois la station de métro, **près de laquelle** se trouve notre collège. (in deren Nähe sich unsere Schule befindet)

Achtung: Ist das Bezugswort eine **Person,** wird nach der Präposition das Relativpronomen ***qui*** verwendet. Nur nach den Präpositionen ***entre*** (zwischen) und ***parmi*** (zwischen, unter) steht auch **bei Personen immer *lequel.***

Voilà les élèves **avec qui** notre prof a fait un voyage.
Je connais beaucoup de jeunes **parmi lesquels** il y a aussi des Anglais.
Voici les deux femmes **entre lesquelles** j'étais assis pendant le concert.

Stehen ***lequel*** etc. nach den Präpositionen ***de*** und ***à,*** verschmelzen ***le*** und ***les*** mit diesen Präpositionen:

*à + lequel → **auquel***
à + laquelle → à laquelle
*à + lesquels → **auxquels***
*à + lesquelles → **auxquelles***

*de + lequel → **duquel***
de + laquelle → de laquelle
*de + lesquels → **desquels***
*de + lesquelles → **desquelles***

Voilà le livre **auquel** tu penses toujours.
Où sont les plats **auxquels** le cuisinier a ajouté trop de sel?
Monique nous a posé des questions **auxquelles** nous n'avons pas répondu.
Elle cherche l'hôtel **près duquel** j'avais habité.
Voici les maisons **à côté desquelles** il y a une grande usine.

Beachte: Bezeichnen **Sache + Präposition** einen Ort, so kann auch ***où*** stehen.

la maison **dans laquelle** j'habite
la maison **où** j'habite

ÜBUNG 9 **Setze die Relativpronomen *qui, que* oder *où* ein. Errate dann das Wort, das jeweils erklärt wird.**

1. Un magasin où on peut acheter du pain, c'est une boulangerie.
2. L'animal ______ garde les vaches et les moutons, c'est ______.
3. C'est une chose ______ on met les vêtements. C'est ______.
4. C'est une personne ______ on voit à l'école et ______ donne des cours aux élèves. C'est ______.
5. C'est une chose ______ on met tout pour le pique-nique et ______ on prend quand on fait des randonnées *(Wanderungen)*. C'est ______.
6. C'est une grande voiture ______ il faut prendre pour aller à l'école quand on habite loin de l'école. C'est ______.

ÜBUNG 10 **Wähle das richtige Relativpronomen und setze es ein. Hast du alles richtig, ergibt sich aus den Wörtern in Klammern ein französisches Sprichwort.**

1. Cette fille ______ je connais les copines est très aimable.
   - ☐ que (elle)
   - ☐ qui (prend)
   - ☐ dont (tout)

2. Tu as entendu la chanson ______ je connais par cœur.
   - ☐ dont (pour)
   - ☐ que (est bien)
   - ☐ lequel (moi)

3. Voilà le collège dans ______ nous avons passé notre vie scolaire.
   - ☐ lequel (qui)
   - ☐ où (bien)
   - ☐ laquelle (que)

4. C'est Sabine à ______ Monique a offert un thé.
   - ☐ auquel (donc)
   - ☐ laquelle (maison)
   - ☐ qui (finit)

5. Vous avez rencontré les dames parmi ______ se trouvait ma tante.
   - ☐ lesquelles (bien)
   - ☐ qui (vieille)
   - ☐ laquelle (je suis)

Sprichwort: ______

ÜBEN

ÜBUNG 11 **Verbinde die folgenden Sätze durch ein Relativpronomen. Schreibe in dein Übungsheft.**

1. C'est ma correspondante Nathalie. Je connais les parents de Nathalie.
2. Tu as vu ces enfants? J'ai rencontré ces enfants à Brignoles.
3. Ce sont Lisa et Véronique. Nous avons offert une limonade à Lisa et à Véronique.
4. Voilà le bistrot de Pierre. Monique travaille dans ce bistrot.
5. Vous voyez la tour. J'ai passé des heures sur cette tour.

ÜBUNG 12 **Verbinde die zueinandergehörenden Haupt- und Relativsätze. Ergänze das Relativpronomen. Weißt du auch die Antworten?**

1. Tu connais le train	… on connaît le Théâtre Romain?
2. Quelle est la ville	entre … se trouve la Lorraine?
3. Quel est le plat	… on fabrique l'Airbus?
4. Quelles sont les régions	… on mange après le dessert?
5. Tu as déjà vu la ville dans le sud de la France	avec … on peut aller très vite à Paris?

ÜBUNG 13 **Wähle die richtigen Relativpronomen, streiche die falschen durch.**

1. Dis-moi que / ce que / où tu feras ce soir.
2. Voilà la forêt dans laquelle / où / à qui il y a beaucoup de touristes.
3. C'est le magasin duquel / dont / de qui Fabienne m'a parlé.
4. Nous regardons un film qui / que / lequel mes frères n'aiment pas du tout.
5. C'est le musée à qui / auquel / où je pense tout le temps.

ÜBUNG 14 **Übersetze die folgenden Sätze und schreibe sie in dein Übungsheft.**

1. Ich weiß, was dir gefällt.
2. Sagt uns, was ihr denkt.
3. Da sind die Bücher, ohne die ich meine Arbeit nicht beenden kann.
4. Wir haben euren Bruder getroffen, dessen Bekanntschaft wir bei Luc gemacht haben *(faire la connaissance de)*.
5. Hast du die Hefte gefunden, die du brauchst?

5.4 Indefinitpronomen und -begleiter

Der **Indefinitbegleiter** ***tout*** wird in **Genus und Numerus** an das Substantiv angeglichen:

	maskulin	feminin
Singular	***tout***	***toute***
Plural	***tous***	***toutes***

Il range **toute la** maison. (das ganze Haus)
Nous avons mangé **tout ce** gâteau. (diesen ganzen Kuchen)
Tu as rendu visite à **toutes tes** tantes et **tous tes** oncles. (alle deine Tanten und alle deine Onkel)

Im Singular wird ***tout*** mit „ganz" übersetzt, im Plural mit „alle".
Wenn ***tout*** **„jeder"** bedeutet, so steht es alleine vor dem Substantiv.

Tout enfant doit faire ses devoirs. – Jedes Kind muss seine Hausaufgaben machen.

- Das **Indefinitpronomen** ***tout*** [tu] = „alles" verwendet man für eine Gesamtheit. Es ist unveränderlich und steht im *passé composé* vor dem Partizip, bei einer Infinitivergänzung vor dem Infinitiv.

Tout va bien.
Je sais **tout.**
Il a **tout** compris.
Elle va **tout** comprendre.

- Die **Indefinitpronomen** ***tous*** [tus] und ***toutes*** [tut] = „alle" vertreten ein Substantiv und werden an dieses angeglichen.

Tous / Toutes voulaient regarder le film.
Il nous aime **tous / toutes.**

Es gibt einige Wendungen mit ***tout:***

tout de suite	sofort
en tout cas	auf jeden Fall
à tout prix	um jeden Preis, unbedingt
tout le monde	jedermann, jeder, alle

Aber: ***le monde entier*** – die ganze Welt

Il travaille **tout de suite.**
En tout cas, je n'ai pas le temps.
Christophe veut **à tout prix** gagner le match de tennis.
Tout le monde est venu pour voir ce concert de rock.

Der **Indefinitbegleiter** ***chaque*** (jeder) ist unveränderlich.

Chaque actrice avait joué sans fautes.

Unterscheide:

- ***chaque*** bezeichnet jeden einzelnen aus einer bestimmten Gruppe (engl. *each*);
- ***tout*** bezeichnet jeden, ganz allgemein (engl. *every*).

Chaque danseur a bien dansé. – Jeder *(einzelne)* Tänzer hat gut getanzt.
Tout danseur doit aimer la musique. – Jeder Tänzer *(ganz allgemein)* muss Musik lieben.

Das **Indefinitpronomen** ***chacun, chacune*** (jeder, jede) hat eine männliche und eine weibliche Form. Es steht alleine.

Chaque élève	doit travailler.
→ **Chacun**	doit travailler.
Chaque fille	aime la mode.
→ **Chacune**	aime la mode.

Der **Indefinitbegleiter** ***quelque, quelques*** wird im Singular mit „ein wenig / etwas" wiedergegeben, im Plural mit „einige".	Il me faut **quelque temps** pour ce travail. J'ai trouvé **quelques** fautes dans ce contrôle.
Feste Wendungen mit ***quelque:*** *il y a quelque temps* vor einiger Zeit *depuis quelque temps* seit einiger Zeit *quelque part* irgendwo *quelque chose* etwas *quelqu'un* jemand *quelques-uns, -unes* einige	**Il y a quelque temps,** j'ai appris le latin. **Depuis quelque temps,** je regarde TV5. On va se rencontrer **quelque part.** Tu as **quelque chose** à manger? Vous avez vu **quelqu'un** dans la rue? Voici **quelques-uns** de mes amis. Je connais **quelques-unes** de tes amies.
autre, autres steht meist als **Indefinitbegleiter** vor einem Substantiv, es kann aber auch als **Indefinitpronomen** stehen: ***un autre*** *(café)* ein anderes (Café) ***une autre*** *(ville)* eine andere (Stadt) ***l'autre*** *(maison)* das andere (Haus) ***les autres*** *(villes)* die anderen (Städte) ***d'autres*** *(villages)* andere (Dörfer) *Beachte:* ***d'autres*** = „andere" – ***des autres*** = „der anderen" (z. B. das Haus der anderen).	*Indefinitbegleiter:* Tu connais un **autre** restaurant? Il habite dans une **autre** maison. Elle a acheté l'**autre** anorak. Pierre ne connaît pas les **autres** élèves. Vous avez visité d'**autres** musées? *Indefinitpronomen:* **D'autres** sont venus. – Tu as vu **les autres**? Tu as vu le film «Le chien **des autres**?» – Non, mais j'ai regardé **d'autres** films.
Weitere wichtige **Indefinitpronomen:** ***n'importe quoi*** irgendetwas ***n'importe qui*** irgendjemand ***le même, la même*** der-, die-, dasselbe	Il dit toujours **n'importe quoi.** **N'importe qui** est venu me voir. C'est **le même** homme. – C'est **la même chose.** (dasselbe)
Folgende **Indefinitpronomen** und **-begleiter** haben nie den unbestimmten Artikel bei sich: ***certains, certaines*** gewisse ***divers, diverses*** verschiedene ***différents, différentes*** unterschiedliche ***plusieurs*** mehrere	*Indefinitpronomen:* **Certains** sont arrivés. – J'en ai vu **plusieurs.** *Indefinitbegleiter:* J'ai **certaines** idées. – **Divers** gens ont vu ce spectacle. – Il y a **différentes** possibilités. – **Plusieurs** femmes portent une robe de ce créateur de mode. – Je le lui ai expliqué **plusieurs** fois. (mehrmals)
Häufig sind die verneinenden Indefinitpronomen: *(ne ...)* ***personne*** niemand *(ne ...)* ***rien*** nichts *(ne ...)* ***aucun, aucune*** kein einziger	Je **n'**ai vu **personne.** *(Objekt)* – **Personne** n'est venu. *(Subjekt)* – Je **n'**ai **rien** fait. *(Objekt)* – **Rien ne** s'est passé. *(Subjekt)* – **Aucune d'elles** n'est venue. *(Subjekt)* – Je n'ai invité **aucune d'elles.** *(Objekt)*

ÜBUNG 15 **Fülle die Lücken aus. Verwende *chaque, chacun* oder *tout*.**

1. Vous croyez ___ ? (die ganze Geschichte)
2. Tu as ___ oublié? (alles)
3. ___ , je vais au travail. (Jeden Tag)
4. Répète ___ , s'il te plaît, Thomas. (jedes Verb)
5. Nous avons dormi ___ . (den ganzen Tag)
6. Tu as acheté ___ de Noël? (alle Geschenke)
7. ___ avocat doit défendre son client. ___ avocat de ce cabinet *(Kanzlei)* est très gentil.
8. ___ pour soi et Dieu pour ___ .
9. ___ de nos amis a apporté une salade pour notre fête.
10. Mes copines? ___ sont venues pour me revoir.

ÜBUNG 16 **Setze die passenden Indefinitpronomen und Indefinitbegleiter ein.**

quelque chose · autre · toute · tous · tout · quelque · les autres · d'autres

1. Il parlait de sa femme ___ le temps.
2. Nous avons bu ___ cette limonade.
3. Tu as besoin de ___ ?
4. Depuis ___ temps, il vit à Paris.
5. C'est ___ chose.
6. ___ nos oncles sont arrivés.
7. Où sont ___ visiteurs du musée?
8. Vous avez vu ___ chats?

ÜBUNG 17 **Wie lautet der Satz korrekt? Unterstreiche. Die Buchstaben dahinter ergeben ein Lösungswort. Schreibe die Sätze richtig in dein Übungsheft.**

1. Ils comprennent tout livre (b) / tout le livre (f) / chaque livre (c).
2. Chacun élève (r) / Chaque élève (r) / Tout élève (l) a écrit le contrôle de maths.
3. Quelques-uns amis (m) / Quelques amis (a) / Toutes amis (s) m'ont rendu un service.
4. J'ai trouvé différentes solutions (n) / des différentes solutions (c) / divers solutions (e).
5. Si tu continues à fâcher *(ärgern)* d'autres enfants (g) / les autres enfants (c), les parents d'autres enfants (i) / des autres enfants (e) / de les autres enfants (f) ne seront pas contents.

Lösungswort:

ÜBUNG 18 **Korrigiere die folgenden Sätze und schreibe sie in dein Übungsheft.** ACHTUNG FEHLER

1. On a rien trouvé.
2. J'ai des autres idées.
3. Elle a fait le même.
4. Personne m'a accompagné au collège.
5. Chaque est arrivé.
6. Plusieures souris sont dans la cave.
7. Il dit toujours importe quoi.
8. Chaque monde vient chez moi.

ÜBUNG 19 **Übersetze die folgenden Sätze. Schreibe in dein Übungsheft.**

1. Sind alle deine Schwestern zu deinem Geburtstag gekommen? – Ja, jede ist gekommen.
2. Er wird dir keine (einzige) Antwort geben.
3. Ich mag es nicht, dass du mit irgendjemandem sprichst.
4. Manche geben zu viel Geld aus *(dépenser)*, andere sparen ihr ganzes Geld *(épargner)*.
5. Ich brauche noch etwas Zeit.
6. Ich habe ihn vor einiger Zeit gesehen.
7. In der Schule waren einige Lehrer.
8. Hast du heute etwas gelernt? – Nein, ich habe nichts gelernt, ich habe alles aufgeräumt.
9. Jeder Mensch muss arbeiten. – Jeder Schüler hat gut gearbeitet.

5.5 Demonstrativpronomen

Du kennst die **Demonstrativbegleiter,** sie stehen immer bei einem Substantiv:

	maskulin	feminin
Singular	***ce / cet***	***cette***
Plural	***ces***	***ces***

(*cet* steht nur vor Vokal und stummem h). Zur Unterscheidung von Nähe und Ferne können *-ci* oder *-là* angehängt werden.

Unterscheide:
ces livres diese Bücher,
ses livres seine / ihre Bücher
– denn ***ses*** und ***ces*** klingen gleich [se].

Tu veux acheter **ce** livre ou **cette** BD?
Vous me racontez **ces** histoires?
J'ai pris le livre de **cet** auteur.
Vous connaissez **ces** acteurs? – Non, mais je connais **ces** actrices.

Tu veux **ces** pommes-**ci** ou **ces** oranges-**là**? – Willst du die Äpfel hier oder die Orangen dort?

Vous voyez **ces** photos sur la table?
Nicole et **ses** parents sont venus.

Die **Demonstrativpronomen** vertreten ein Substantiv. Die Formen ähneln den unverbundenen Personalpronomen *(lui, elle, eux, elles)*:

	maskulin	feminin
Singular	***celui***	***celle***
Plural	***ceux***	***celles***

Pierre, c'est le garçon qui joue aux dés ou qui joue de la guitare? – C'est **celui** qui joue de la guitare.
Nadine, c'est la fille qui joue au foot ou qui joue au tennis? – C'est **celle** qui joue au foot.

Die Demonstrativpronomen stehen **nie alleine.** Es folgt entweder

- der **Partikel** (Anhängsel) *-ci / -là* (hier / da), der die Nähe bzw. Ferne ausdrückt, oder

Tu vois ces maisons? – **Celles-ci**? – Non, **celles-là.**

- ein **Relativsatz** mit *qui, que, dont* oder *où* oder

Ceux qui sont en terminale passent le bac.
Tu prends ces pommes? – Je prends seulement **celles que** tu vois sur la table.
Il parle de **celui dont** je connais le père.

- eine **präpositionale Ergänzung** (meist mit *de,* aber auch mit *pour* oder *avec*).

Ce sont les chaussures de ta mère? – Non, ce sont **celles de** ma tante.
La limonade? – C'est **celle pour** Marie.

Es gibt auch Demonstrativpronomen im **Neutrum:**

- *ce* steht meist vor *être.*

Ce n'est pas un ami, **c'**est mon frère.

- *ceci* steht für Nahes, auch für im Text Folgendes; es wird sehr selten verwendet.
- *cela* steht für Fernes oder auch bereits Erwähntes. In der gesprochenen Sprache wird stattdessen häufig *ça* verwendet.

Je vais te raconter **ceci.** (Folgendes)
Tu veux **ceci** ou **cela**? (dies oder das)

Tu me donnes **ça**?

ÜBUNG 20 **Setze die Wörter richtig ein.**

cet | celles | celui | celle | ceux | ce
celles | ces | celui | celles | celle | ces

1. Tu as vu ___ jupes dans ___ magasin de mode? – ___-ci ou ___-là? – ___ qui sont sur l'étagère.
2. Qui est ___ homme? ___ qui porte des lunettes ou ___ dont la fille prend une photo.
3. C'est un livre sur la vie de César? – Non, c'est un livre sur ___ de Cléopâtre.
4. Quelle fleur est-ce que tu prends? – Je prends ___ qui est sur la table.
5. Vous avez lu tous ___ journaux? – Non, nous avons lu seulement ___ qui sont dans le salon.

ÜBUNG 21 **Ersetze die rot markierten Satzglieder durch ein Demonstrativpronomen. Schreibe die Sätze in dein Übungsheft.**

1. Prenez le pantalon de Pierre. Mettez les pulls de Martine.
2. Qu'est-ce que tu veux? Ces chaussures-ci ou ces chaussures-là?
3. Qui sont ces femmes qui regardent les photos?
4. Voilà les CD dont je parle souvent.
5. Pierre m'a raconté cette histoire.

ÜBUNG 22 **Übersetze die folgenden Sätze und schreibe sie in dein Übungsheft.**

1. Ich werde euch Folgendes erzählen ...
2. Wer sind diese beiden Männer? Das sind die, die mein Auto reparieren werden.
3. Welches Spiel nimmst du? Dieses oder das da? – Ich nehme das, das auf dem Tisch liegt.
4. Wenn du kein Auto hast, dann nimm das von deinem Bruder!
5. Sind das die (Bücher), die du brauchst?

Check-up Pronomen

45 Minuten

AUFGABE 1 **Ergänze die fehlenden Pronomen. Ein Wort aus der Blume bleibt übrig. Achte auf die Angleichung des *participe passé!***

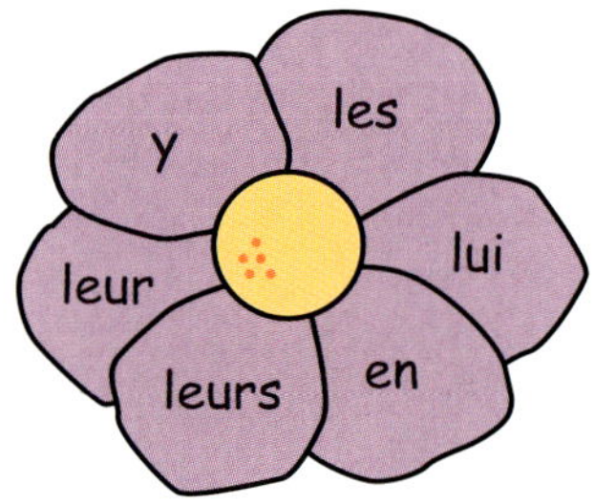

1. Tu viens de Paris? – Oui, je ______ viens.
2. Vous dormez sous la tente? – Non, nous ne ______ dormons pas.
3. Elle a vu mon frère et ses amis? – Oui, elle ______ a vu ___ .
4. Monique a donné les disques à mes copines? – Non, elle ne ______ a pas donné ___ les disques.
5. Vous avez téléphoné à Lisa? – Oui, je ______ ai déjà téléphoné ___ .

Übrig bleibt ______ , weil ______________________ .

AUFGABE 2 **Beantworte die Fragen und ersetze dabei die rot markierten Satzteile durch Pronomen. Schreibe in dein Übungsheft.**

1. Tu as montré ta robe à ton ami? 🙂
2. Vous avez parlé à Pierre de l'école? 🙁
3. Manon veut nous offrir les CD? 🙂
4. Ils ont lu les histoires aux enfants? 🙁
5. Il y a encore des carottes? 🙁

AUFGABE 3 **Richtig oder falsch? Verbessere, wenn nötig, die folgenden Sätze. Schreibe die verbesserten Sätze in dein Übungsheft.**

ACHTUNG FEHLER

1. Du café? Je le leur offre avec plaisir.
2. Tu vas à Paris? – J'y vais aller demain.
3. Tu me présentes à tes amis? – Oui, je te présente à eux.
4. Vous le me pouvez dire? – Non, je ne peux te le pas dire.

AUFGABE 4 **Bilde aus den Wörtern Sätze. Schreibe in dein Übungsheft.**

allez - vous - me - donner - en

ne ... pas - a - elle - la - me - présentée

faites - vous - travailler - le

moi - donnez - le

AUFGABE 5 **Aus zwei mach eins! Verbinde die Sätze durch Relativpronomen.**

1. Voilà la rue. Dans cette rue, tu trouves un musée d'art moderne.
2. Tu vois cette maison? À côté de cette maison, je vais attendre Luc.
3. C'est Ludivine. Pierre lui a raconté une histoire.
4. Il a acheté une voiture. Il parle beaucoup de cette voiture.
5. Voilà des caméras. Je filme avec ces caméras.

AUFGABE 6 **Setze das passende Relativpronomen ein. Zwei Pronomen bleiben übrig. Achte auf die Angleichung des *participe passé!***

dont - lequel - où - que - lesquels - à qui - qui

1. C'est la dame ______ nous avons expliqué __ le chemin de la gare.
2. C'est le voyage ______ je rêve depuis longtemps.
3. Je te présente une fille ______ nous avons recontré __ hier.
4. Vous voyez les jeunes gens parmi ______ est assis __ Michel.
5. Le théâtre dans ______ j'ai vu __ la comédie est très grand.

AUFGABE 7 **Wähle die passenden Indefinitpronomen und -begleiter sowie die richtigen Demonstrativpronomen aus. Drei Wörter bleiben übrig.**

plusieurs – d'autres – les autres – cela – quelques – celui – tout le – celles – tout – tous les – quelqu'un – toute – rien – celles-ci – chacun – ceux-là – chaque – celles-là

1. (Jeder) ______ joueur de tennis doit être sportif.
2. (Jeder) ______ de mes copains a mangé (ein ganzes) ______ une baguette!
3. Tu as vu (andere) ______ professeurs? – Non, j'ai seulement vu (die anderen) ______ élèves.
4. (Mehrere) ______ musiciens ont fait de la musique dans la zone piétonne.
5. Vous avez trouvé (einige) ______ fruits au marché? – Non, je n'ai (nichts) ______ trouvé.
6. Quelles couleurs est-ce que tu préfères? (Diese hier) ______ ou (diese dort) ______ ?
7. C'est votre chat? – Non c'est (die) ______ de Pierre. Regardez les souris. Ce sont (die) ______ que ma tante Virginie a achetées l'année dernière.
8. M. Hulot parlait de sa moto (die ganze) ______ temps.
9. (Alle) ______ spectateurs adorent ces acteurs qui font du théâtre (jeden) ______ soir.

AUFGABE 8 **Übersetze die folgenden Sätze und schreibe sie in dein Übungsheft.**

1. Wollt ihr die Bücher euren Freunden geben? – Nein, wir wollen sie ihnen nicht geben.
2. Hast du diesen Rock deiner Mutter gezeigt? – Nein, ich habe ihn ihr noch nicht gezeigt.
3. Fragt es ihn nicht! Fragt es uns!
4. Wir sehen ihn spielen.
5. Sie (Luc und Christine) werden es ihm morgen erzählen.
6. Wir werden sie (Nathalie) euch vorstellen.
7. Gibt es noch Kaffee? – Nein, es gibt keinen mehr. Gibt es noch Hörnchen? – Ja, es gibt noch viele.

Adverbien

6.1 Bildung der Adverbien

Adverbien bestimmen ein Verb, ein Adjektiv oder ein anderes Adverb näher: Sie drücken aus, wie jemand etwas tut oder wie die Eigenschaft einer Person oder Sache ist. Adverbien sind **unveränderlich.**	Il parle **souvent.** – Er spricht **oft.** *(Wie spricht er?)* Elle est **trop** petite. – Sie ist **zu** klein. *(Wie klein ist sie?)*
Beachte: Im Deutschen sind die Formen des Adjektivs und des Adverbs gleich. Im Englischen und im Französischen gibt es jeweils unterschiedliche Formen!	Er ist **traurig.** – Er geht **traurig** heim. Il est **triste.** – Il va **tristement** à la maison. He is **sad.** – He is going home **sadly.**
Man unterscheidet zwei Arten: ■ **ursprüngliche Adverbien,** z. B. *beaucoup* (viel, sehr), *très* (sehr), *trop* (zu, zu viel), *vite* (schnell). ■ **abgeleitete Adverbien:** Sie werden gebildet, indem man an die **feminine Form des Adjektivs** ***-ment*** anhängt: *long / longue* → ***longuement*** *sûr / sûre* → ***sûrement*** *facile* → ***facilement*** *heureux / heureuse* → ***heureusement***	Elle dort **beaucoup.** Mon frère est **très** grand. Il nage **trop vite.** Elle a **longuement** attendu ton arrivée. Ils avaient **sûrement** dit la vérité. J'ai **facilement** fait le travail. **Heureusement,** il est venu.
Bei Adjektiven, die auf ***i*** oder ***u*** enden, wird das Adverb **von der maskulinen Form abgeleitet:** *vrai / vraie* → ***vraiment*** *poli / polie* → ***poliment*** *absolu / absolue* → ***absolument***	Il a **vraiment** parlé de son passé. Mes filles m'ont **poliment** ouvert la porte. Tu as **absolument** raison.
Ausnahme: gai / gaie → ***gaiement***	Luc a **gaiement** chanté la chanson.
Adjektive, die auf ***-ant*** [ɑ̃] oder ***-ent*** [ɑ̃] enden, bilden ihr Adverb auf ***-amment*** [amɑ̃] bzw. ***-emment*** [amɑ̃]: *méchant / méchante* → ***méchamment*** *évident / évidente* → ***évidemment***	Le chien me chasse **méchamment.** Vous avez **évidemment** tort.
Weitere wichtige Ausnahmen: *énorme* → ***énormément*** *précis / précise* → ***précisément***	Il travaille **énormément** et **précisément.** – Er arbeitet sehr viel und genau.

ÜBUNG 1 **Bilde zu den folgenden Adjektiven die entsprechenden Adverbien.**

1. long		2. sérieux	
3. grave		4. évident	
5. vrai		6. calme	
7. sûr		8. haut	
9. bizarre		10. lent	

ÜBUNG 2 **Welches Adverb ist richtig? Kreise die richtigen Adverbien ein. Die Zahlen hinter den richtigen Formen ergeben addiert die Anzahl der Bezirke *(arrondissements)* in Paris.**

1. **dangereux:** dangereuxment (5) – dangereusement (2)
2. **joli:** joliement (8) – joliment (1)
3. **différent:** différentement (9) – différemment (1)
4. **énorme:** énormement (4) – énormément (3)
5. **méchant:** méchemment (7) – méchamment (6)
6. **complet:** completment (1) – complètement (4)
7. **gratuit:** gratuitement (3) – gratuitment (8)

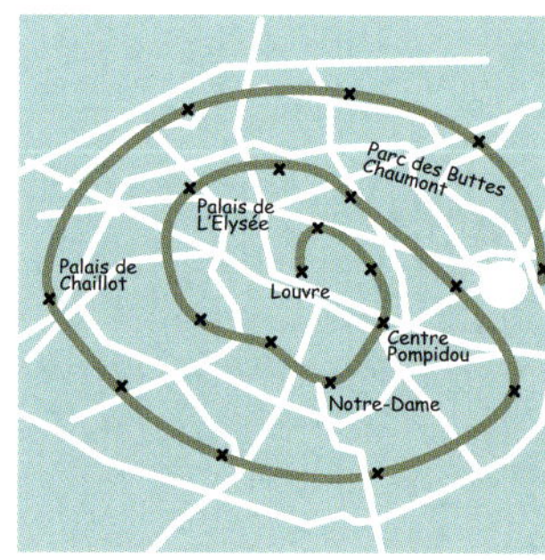

Lösung: À Paris, il y a ______ arrondissements.

WISSEN +

Besondere Adverbformen

Die folgenden Sonderformen solltest du dir gut einprägen:

bref / brève → ***brièvement***	Elle a **brièvement** répondu à mon e-mail.
gentil / gentille → ***gentiment***	La fille des voisins me dit **gentiment bonjour.**
bon / bonne → ***bien*** *mauvais / mauvaise* → ***mal***	Elle a **bien** travaillé mais lui, il a **mal** travaillé.
meilleur / meilleure → ***mieux***	Cette nuit, j'ai **mieux** dormi.

ÜBUNG 3 **Setze das Adjektiv oder das entsprechende Adverb richtig ein.**

bon – beau – intéressant

S'il fait ________ et si vous travaillez ________,
nous ferons une excursion ________.

mauvais – pratique – triste – vrai – meilleur

Je suis ________. Depuis hier, j'ai mal à la tête:
je suis ________ malade. C'est ________ impossible de dormir.
Aujourd'hui, ça va très ________. J'espère que ça ira ________ demain.

WISSEN +

Adjektive in Redewendungen
Im Französischen gibt es feste Redewendungen, in denen **Adjektive anstelle von Adverbien** verwendet werden.
Das Adjektiv ist hier unveränderlich!
Präge dir diese Ausdrücke gut ein.

aller tout droit	geradeaus gehen
chanter juste / faux	richtig / falsch singen
coûter cher	teuer sein
parler bas	leise sprechen
parler haut / fort	laut sprechen
payer cher	teuer bezahlen
penser juste	gerecht denken
sentir bon / mauvais	gut / schlecht riechen
travailler dur	hart arbeiten
voir clair	klar sehen

ÜBUNG 4 **Entscheide, ob du ein Adjektiv oder ein Adverb einsetzen musst. Streiche die falsche Form durch.**

1. Elle chante toujours juste / justement.
2. Nous avons travaillé très durement / dur.
3. Le gâteau sent bon / bien. Tu fais bien / bon la cuisine.
4. Pour arriver à la gare, il faut aller tout droit / droitement.

6.2 Stellung und Steigerung der Adverbien

Anders als im Englischen können Adverbien im Französischen **nie zwischen Subjekt und Verb stehen.** Der Platz eines französischen Adverbs hängt von seiner Bedeutung und seiner Aufgabe im Satz ab.	Linda rencontre **souvent** ses amis. Linda **often** meets his friends.
■ **Satzadverbien,** d.h. Adverbien, die sich auf einen ganzen Satz beziehen, stehen in der Regel am **Satzanfang** und werden durch ein **Komma** abgetrennt.	**Heureusement,** j'ai trouvé ma clé. **Alors,** j'ai pu ouvrir la porte.
■ **Adverbien des Ortes** (z.B. *ici, là*) und **der bestimmten Zeit** (z.B. *demain, hier*) können am Anfang oder am Ende eines Satzes stehen.	Il travaille **ici.** **Hier,** j'ai rencontré ma tante.
■ **Adverbien der unbestimmten Zeit** (z.B. *toujours, encore, avant, après*), **der Menge** (z.B. *peu, beaucoup, assez*) und **der Art und Weise** (z.B. *bien, mal*) stehen meistens hinter der konjugierten Verbform.	Je bois **toujours** mon café au bistrot. Elle nous accompagne **après.** **Hier,** elle a **peu** dormi. **Aujourd'hui,** elle dort **beaucoup.** Elle court **très vite.**
In den **zusammengesetzten Zeiten** *(passé composé, plus-que-parfait, futur composé)* können **abgeleitete Adverbien** auch nach dem *participe passé* bzw. dem Infinitiv stehen.	Il a **sûrement** travaillé. Il a répondu **sûrement.** Elle va avoir **certainement** vingt ans.
Die Adverbien ***tôt, tard, ensemble, après*** und ***avant*** stehen am Satzanfang oder nach dem ***participe passé*** bzw. dem **Infinitiv.**	**Après,** on est allé à la maison. Il est rentré **tard.** Je dois me lever **tôt.**
Die Adverbien werden wie die Adjektive gesteigert: ■ Der **Komparativ** wird mit ***plus ... que, aussi ... que*** und ***moins ... que*** gebildet.	Lisa court **plus vite que** Pierre. (schneller als) Nadine apprend **aussi facilement que** Claudine. (genauso leicht wie) Sabine parle **moins rapidement que** ses copines. (weniger schnell als)
■ Der **Superlativ** wird mit ***le plus*** ... und ***le moins*** ... gebildet.	Luc va à la piscine **le plus souvent** (de nous tous). (am öftesten) Pierre y va **le moins souvent.** (am seltensten)

ÜBUNG 5 **Markiere den Platz, wo das jeweilige Adverb stehen muss oder kann mit einem Kreuz.**

1. **sûrement:** ☐ Sabine ☐ est ☐ heureuse ☐ de ☐ me ☐ rendre visite.
2. **complètement:** ☐ Mes frères ☐ sont ☐ surpris.
3. **hier:** ☐ Luc ☐ nous ☐ a ☐ téléphoné ☐.
4. **très:** ☐ Lisa ☐ parle ☐ vite ☐.
5. **bien:** ☐ Tu ☐ as ☐ dormi ☐?
6. **beaucoup:** ☐ En avril, ☐ il ☐ pleut ☐.

ÜBUNG 6 **Bilde sinnvolle Sätze. Achte auf die Satzstellung!**

1. apprendre – nous – à l'école – beaucoup
2. elle – rentrer – tard – après le cinéma (passé composé)
3. gagner – nous – beaucoup d'argent – heureusement (passé composé)
4. toujours – Béatrice – manger – du chocolat
5. sûrement – arriver – le train – à l'heure (futur)

ÜBUNG 7 **Stimmt die Übersetzung der folgenden Sätze? Streiche die Fehler an und schreibe die verbesserten Sätze in dein Übungsheft.**

ACHTUNG FEHLER

1. Pierre kommt selten pünktlich an. – Pierre arrive rarement à l'heure.
2. Sie haben mich sehr höflich gegrüßt. – Ils m'ont salué très poliment.
3. Glücklicherweise habe ich gestern meine Hausaufgaben vollständig gemacht. – Heureusement, j'ai fait mes devoirs complètement hier.
4. Ihr sprecht wirklich zu schnell. – Vraiment, vous parlez trop rapide.
5. Sie sind zusammen ins Kino gegangen. – Ils sont allés ensemble au cinéma.

ÜBUNG 8 **Bilde zu den Adjektiven die Adverbien im Komparativ und im Superlativ.**

	Komparativ	**Superlativ**
sérieux (+)		
rapide (+)		
poli (–)		
doux (–)		
heureux (+)		

WISSEN +

Die folgenden Adverbien werden unregelmäßig gesteigert:
bien – mieux – le mieux
(gut – besser – am besten)
beaucoup – plus – le plus
(viel – mehr – am meisten)
peu – moins – le moins
(wenig – weniger – am wenigsten)

Ludivine travaille **bien,** Lisa travaille **mieux** que Ludivine, mais Elsa travaille **le mieux.**
Marc parle **beaucoup,** Luc parle **plus** que Marc, mais Étienne parle **le plus.**
Nathalie dort **peu,** Sabine dort **moins** que Nathalie, mais Magalie dort **le moins.**

ÜBUNG 9 **Setze den Komparativ (+ / –) oder den Superlativ (+ + / – –) ein oder bilde Sätze mit *aussi ... que* (=) oder *ne ... pas aussi ... que* (≠).**

1. Nous arriverons ______ (tard +) vous.
2. À l'école, Nathalie parle ______ (bien + +) l'allemand.
3. Mes amis comprennent ______ (lentement –) Luc.
4. Dans notre classe, Sabine apprend ______ (peu – –).
5. Sabine fait ses devoirs ______ (vite =) Luc.
6. Julien ______ chante ______ (bien ≠) David.

WISSEN +

Mit *possible* kannst du auch einen hohen Steigerungsgrad ausdrücken.

Elle va à la piscine **le plus / moins souvent possible.** (so oft / selten wie möglich)

Check-up Adverbien

45 Minuten

AUFGABE 1 **Bilde zu den folgenden Adjektiven die entsprechenden Adverbien im Komparativ (+ / –) oder im Superlativ (+ + / – –).**

Adjektiv	Adverb	Komparativ / Superlativ
régulier (+)		
étroit (–)		
malheureux (+)		
méchant (– –)		
constant (+)		
précis (+ +)		
bon (+)		

AUFGABE 2 **Setze jeweils das passende Adjektiv oder Adverb richtig ein.**

gentil – gentil – bon – bon – rapide – rapide – curieux – malheureux – facile – sûr – élégant – clair – gratuit

1. Pour nous, les devoirs d'anglais étaient ______ .
2. Sylvain n'est pas là. Il est ______ malade.
3. Si vous achetez ces deux livres, vous aurez ce livre-là ______ .
4. ______ , il n'est pas venu pour fêter mon anniversaire.
5. Claudine, tu n'es pas ______ . Réponds-moi ______ .
6. La solution du problème est ______ .
7. Mon voisin veut tout savoir. Il écoute ______ derrière sa porte.
8. Sabine est une ______ élève. Elle travaille très ______ .
9. Le TGV est un train très ______ . Il roule très ______ .

TESTEN

AUFGABE 3 **Wo steht das Adverb? Füge die Adverbien an der richtigen Stelle ein. Schreibe die vollständigen Sätze in dein Übungsheft.**

malheureusement | demain | évidemment | heureusement | hier

M. Dubois a eu un accident de voiture. Le chauffeur d'une autre voiture n'avait pas vu la voiture de M.Dubois. Personne n'est blessé. M. Dubois doit aller chez le médecin pour se faire soigner. L'autre chauffeur doit payer.

AUFGABE 4 **Bringe die Wörter in die richtige Reihenfolge.**

1. parlent – très – l'allemand – bien – elles
2. tranquillement – ont – les – dormi – enfants
3. les – expliquent – professeurs – clairement – les – aux – problèmes – élèves

AUFGABE 5 **Wie verbringt Lisa im Gegensatz zu Nadine die Nachmittage? Bilde Vergleichssätze mit *plus* (+) und *moins* (–) und schreibe sie in dein Übungsheft.**

1. Lisa lit souvent des livres. (+)
2. Lisa fait vite ses devoirs. (–)
3. Lisa sort beaucoup. (–)
4. Lisa prépare bien les repas du soir. (+)

AUFGABE 6 **Übersetze die folgenden Sätze und schreibe sie in dein Übungsheft.**

1. Luc hat viel gearbeitet in diesem Jahr.
2. Vielleicht werden die Freunde von Nicole während der Sommerferien kommen.
3. Christophe hat zu oft am Computer gespielt.
4. Meine Schüler haben die Mathematikaufgaben schnell verstanden.
5. Ich reise morgen ab.
6. Ludo spielt besser Gitarre als Magali.
7. Louis grüßt genauso freundlich wie Paul.
8. Sie geht so schnell wie möglich nach Hause.
9. Meine Mutter steht morgens früher auf als mein Vater.

7 Satzarten

7.1 Fragesätze

Im Französischen hat man viele Möglichkeiten, Fragesätze zu bilden. Wichtig ist dabei die Unterscheidung, ob die Frage mit einem Fragewort eingeleitet wird **(Ergänzungsfrage)** oder ob die Antwort „ja“ oder „nein“ erwartetet wird **(Entscheidungsfrage).**	*Ergänzungsfrage:* Tu habites **où**? **D'où** est-ce que tu viens? *Entscheidungsfrage:* Ils ont regardé par la fenêtre? Est-ce que vous allez travailler demain?
Merke: Wichtige Fragewörter: ***qui?*** (wer?, wen?), ***à qui?*** (wem?), ***avec qui?*** (mit wem?) etc., ***que?*** (was?), ***de quoi?*** (wovon?), ***à quoi?*** (woran?), ***pourquoi?*** (warum?), ***où?*** (wo?, wohin?), ***d'où?*** (woher?), ***comment?*** (wie?), ***quand?*** (wann?), ***quel*** + Substantiv? (welcher?), ***lequel?*** (welcher?), ***combien de*** + Substantiv? (wie viel(e)?)	 **Qui** arrive? Tu donnes le livre **à qui**? **Que** fait Luc? **De quoi** parles-tu? – **À quoi** pensez-vous? **Pourquoi** est-ce qu'elle dit cela? Vous habitez **où**? – Vous êtes **d'où**? **Comment** allez-vous? **Quand** est-ce qu'il part? **Quelle** heure est-il? **Laquelle** est-ce que tu prends? **Combien de** tomates prends-tu?
Grundsätzlich unterscheidet man ■ die **Intonationsfrage,** ■ die Frage mit ***est-ce que,*** ■ die **Inversionsfrage,** ■ die **absolute Frage.**	 Vous sortez? – Tu pars avec qui? **Est-ce que** vous sortez? – Quand **est-ce que** tu sors? Sortez-vous? – Avec qui sors-tu? Sabine écrit-elle une lettre? – À qui Sabine écrit-elle la lettre?
Eine **Intonationsfrage** kann man aus jedem Aussagesatz machen. Beim Sprechen hebt man am Satzende die Stimme an, in der geschriebenen Sprache setzt man ein Fragezeichen. Das Fragewort wird an das Satzende gestellt. *Merke:* Die **Intonationsfrage** wird vorwiegend in der **Umgangssprache** verwendet, in der geschriebenen Sprache nur zur Wiedergabe von Dialogen.	Tu as bien dormi. – Tu as bien dormi**?** Tu arrives **quand?** – Elle vient **d'où?** Le marchand demande: «C'est à qui?» – Mme Arnaud répond: «C'est à moi.»

Die Frageformel ***est-ce que*** ist das gesprochene Fragezeichen. Die Wortstellung ist die gleiche wie im Aussagesatz: Subjekt – Verb – Objekt.	*Aussagesatz:* Il lit un livre. Quand **est-ce qu'** il lit un livre? *Fragewort + est-ce que + Aussagesatz?*
Merke: Ist das Fragewort das Subjekt des Satzes, so fehlt ***est-ce que.***	**Qui** a ouvert la porte? – **Quelle fille** a eu une bonne note? – **Combien de personnes** vont dîner chez toi?
Mit ***qui est-ce qui*** (Subjekt) und ***qui est-ce que*** (direktes Objekt) fragt man nach Personen, mit ***qu'est-ce qui*** (Subjekt) und ***qu'est-ce que*** (Objekt) fragt man nach Dingen.	**Qui est-ce qui** a fait ce gâteau? **Qui est-ce qu'**il a vu? **Qu'est-ce qui** ne marche pas? **Qu'est-ce qu'**elle t'a donné?
Bei der **Inversionsfrage** werden **Subjekt und Verb** umgestellt. Das Fragewort, falls vorhanden, steht am Satzanfang: S – V – O → **(Fragewort) V – S – O?**	Elle écrit un e-mail à Martine. **Écrit-elle** un e-mail à Martine?
Achtung: Verb und Subjekt werden mit einem **Bindestrich** verbunden.	**À qui écrit-elle** un e-mail?
Die **Inversionsfrage** wird vor allem in der **geschriebenen Sprache** (gehobener Sprachstil) verwendet. Sie ist nur möglich, wenn das **Subjekt ein Pronomen** ist.	**As-tu** frappé à la porte? **Est-ce** un chien?
Bei ***je*** verwendet man keine Inversionsfrage, nur bei ***puis-je.***	**Est-ce que je peux** vous aider? → **Puis-je** vous aider?
Die Inversionsfrage kann auch bei einer **kurzen Frage ohne Objekt** verwendet werden, wenn das Subjekt ein **Substantiv** ist.	Que font les amis? – Où sont mes parents? – Que fait Nicole?
Merke: Endet das Verb mit Vokal und beginnt auch das Subjekt mit Vokal, fügt man zur leichteren Aussprache ein **-t-** ein.	Va-**t**-on à la maison? Regarde-**t**-il une BD? A-**t**-elle vu mes clés?
Bei der **absoluten Frage** ist das **Subjekt** ein **Substantiv,** das durch ein **Personalpronomen** wieder aufgenommen wird. Wird ein Fragewort verwendet, so steht es am Satzanfang: Fragewort – Subjekt – Verb – Pronomen?	Luc envoie une lettre à Yasmina. *(S V dir. O indir. O)* **Luc envoie-t-il** une lettre à Yasmina? *(S V S dir. O indir. O)* D'où **Lisa est-elle** venue? À quoi **tes amis pensent-ils**? À qui **ta mère donne-t-elle** les tartes?
Bei Verneinung steht auch das Personalpronomen innerhalb der Verneinungsklammer.	Pourquoi **ta correspondante n'a-t-elle pas** répondu à tes lettres?
Beachte: Die **absolute Frage** wird nur in der gehobenen **Schriftsprache** verwendet.	

ÜBUNG 1 **Zu welcher Fragenart gehören die Fragen? Verbinde.**

- A-t-il lu le journal?
- Lisa raconte-t-elle une histoire?
- Tu habites où?
- Quand est-ce que tu arrives à la gare?

- ***est-ce que*-Frage**
- **Intonationsfrage**
- **Inversionsfrage**
- **absolute Frage**

- Pourquoi est-ce que vous habitez ici?
- D'où viennent-ils?
- Ton père travaille-t-il dans une usine?
- Tu viens?

ÜBUNG 2 **Frage nach den hervorgehobenen Wörtern und verwende dabei die Frage mit *est-ce que*. Schreibe in dein Übungsheft.**

1. Elle ne vient pas parce qu'elle est malade.
2. Hier, nous sommes allés à la piscine.
3. Ce matin, il a rencontré Claudine et Fabien.
4. Maman a dit que Stéphanie m'attend devant le cinéma.
5. Sabine achète cinq jupes.

ÜBUNG 3 **Nicole telefoniert mit Simone. Leider ist die Verbindung sehr schlecht und Nicole muss immer wieder nachfragen. Frage nach den fehlenden Satzteilen mit der Intonationsfrage und mit der *est-ce que*-Frage. Schreibe in dein Übungsheft.**

ÜBUNG 4 **Marc ist ziemlich neugierig. Stelle die entsprechenden Fragen zu den folgenden Situationsbeschreibungen. Verwende Inversionsfragen.**

1. Marc möchte wissen, wo Nadine wohnt.
2. Er fragt sie, an was sie denkt.
3. Er will wissen, ob sie einen Bruder hat.
4. Er fragt, wann sie ins Café geht.

ÜBUNG 5 **Frage nach den rot gedruckten Satzteilen mit der absoluten Frage. Schreibe in dein Übungsheft.**

1. Nicole parle toujours de son travail.
2. Christophe part avec ses amis.
3. Mes copains n'ont pas répondu à la lettre parce qu'ils n'avaient pas le temps.
4. Ces dames sont rentrées à la maison à onze heures.
5. Les journalistes intervieweront Gérard Depardieu.

ÜBUNG 6 **Kreuze den richtigen Satz an. Die Buchstaben ergeben ein Lösungswort.**

1. ☐ À qui tu écris la lettre? (D)
   ☐ À qui écris-tu la lettre? (L)
2. ☐ D'où est-ce qu'il vient? (Y)
   ☐ Vient-il d'où? (Ô)
3. ☐ Avec qui Pierre part aujourd'hui? (L)
   ☐ Avec qui Pierre part-il aujourd'hui? (O)
4. ☐ Comment Sabine a-t-elle trouvé son travail? (N)
   ☐ Comment Sabine a trouvé son travail? (E)

Lösungswort:

ÜBUNG 7 **Übersetze die folgenden Sätze und schreibe sie in dein Übungsheft.**

1. Wem erzählt ihr eine Geschichte?
2. Wo arbeitet Lisa?
3. Für wen hast du den Kuchen gemacht?
4. Wann gehen deine Eltern nach Hause?
5. Fängt die Schule um acht Uhr an?
6. Was macht Madeleine?
7. Wohin gehen Paul und Élodie?
8. Wo sind die Bücher?
9. Worüber hat Arthur gesprochen?
10. Bist du zufrieden?
11. Gehst du gerne in die Schule?
12. Was gefällt dir? Was hast du gesagt?

7.2 Infinitivkonstruktionen

Im Französischen finden sich sehr häufig
- **Infinitive, die von Hilfsverben, Modalverben oder anderen Verben** abhängen;
- **Infinitivkonstruktionen,** die einen ganzen **Nebensatz ersetzen** können.

Je **vais partir** demain. – Elle **peut venir.** – Elle **essaie de trouver** une solution.
Il est sorti **sans me regarder.**
Après avoir travaillé, il s'est reposé.

Infinitiv als Ergänzung

Da die Infinitive nach Hilfsverben, Modalverben und anderen Verben unterschiedlich angeschlossen werden und es keine Regel dafür gibt, musst du jedes Verb mit seinem Infinitivanschluss lernen.

Elle **adore nager.** – Il ne **faut** pas toujours **jouer** à l'ordinateur. – Léa **a commencé à parler.** – Nous **sommes en train de manger.** – J'ai **fini par trouver** mon sac à dos. (ich habe schließlich gefunden)

Infinitivanschluss ohne Präposition:

devoir	müssen, sollen	Elle **doit apprendre** l'anglais.
il (me, te etc.) faut	müssen	Il nous **faut travailler** ce soir.
pouvoir	können	Je ne **peux** pas **jouer,** je n'ai pas le temps.
savoir	können (gelernt haben)	Je **sais jouer** au tennis.
vouloir	wollen	Nous **voulons apprendre** l'italien.
aimer	lieben, mögen	Il **aime dessiner.**
adorer	sehr gerne tun	Elle **adore se promener** mais elle **déteste faire** des randonnées, elle **préfère faire** de l'escalade.
détester	gar nicht mögen	
préférer	lieber tun	
oser	wagen	Nous **osons dire** la vérité.
laisser	(zu)lassen	Je ne **laisse** pas **dormir** Nathalie, je la **fais travailler.**
faire	veranlassen	

Infinitivanschluss mit *de*:

avoir besoin de	tun müssen	Tu **as besoin de faire** les courses.
avoir envie de	Lust haben	Elle **a envie de faire** un voyage.
arrêter de	aufhören	Le bébé **arrête de pleurer.**
demander à qn de	jdn. fragen	Il me **demande de l'aider.**
essayer de	versuchen	Tu **vas essayer de faire** un gâteau.
être content de	zufrieden sein	Je **suis contente de** vous **revoir.**
être en train de	gerade dabei sein	Il **est en train de réparer** sa voiture.
finir de	aufhören	Elle **finit de lire** son journal.
interdire à qn de	verbieten	Je vous **interdis de toucher** à tout.
proposer à qn de	vorschlagen	Elle me **propose de** lui **rendre** visite.
venir de	gerade, soeben etw. getan haben	Ils **viennent de rentrer** à la maison.

Infinitivanschluss mit *à:*

commencer à	beginnen	Je **commence à lire** ce livre.
continuer à	fortfahren	Vous **continuez à courir.**
réussir à	Erfolg haben	Elle **réussit à passer** le bac.
s'habituer à	sich gewöhnen	Tu **t'habitues à parler** l'italien?

Infinitivanschluss mit *par:*

***commencer par** faire qc*	anfangen, etw. zu tun	Le matin, je **commence par me lever** et je **finis par prendre** le petit-déjeuner.
***finir par** faire qc*	schließlich etw. tun	

Infinitiv anstelle eines Nebensatzes

Im Französischen kann in der Regel eine Infinitivkonstruktion einen Nebensatz ersetzen, wenn **Haupt- und Nebensatz das gleiche Subjekt** haben.	Elle est partie **sans rien dire.** – Sie ist weggegangen, ohne etwas zu sagen.
Zwei zeitlich aufeinanderfolgende Handlungen können durch Infinitivkonstruktionen verbunden werden: ■ ***avant de* + Infinitiv** ist **nachzeitig,** ■ ***après* + *infinitif passé* (= *avoir / être* + *participe passé*)** ist **vorzeitig** zum Hauptsatz.	Nadine fait un voyage à Paris. Avant, elle fait ses valises. → **Avant de faire** un voyage à Paris, Nadine fait ses valises. Elle est arrivée à Paris, après elle se repose un peu. → **Après être arrivée** à Paris, elle se repose un peu.
***pour* + Infinitiv** drückt eine Absicht oder einen Zweck aus (finaler Sinn).	Elle veut faire un gâteau. Elle achète un kilo de farine. → Elle achète un kilo de farine **pour faire** un gâteau.
***sans* + Infinitiv** gibt an, wie etwas ohne eine Sache geschieht (modaler Sinn).	Il parle **sans réfléchir.** – Er redet ohne nachzudenken.
Wird der Infinitiv **verneint,** dann müssen beide Negationsteile vor dem Infinitiv stehen.	Elle travaille beaucoup **pour ne pas avoir** de mauvaises notes.
Objektpronomen, die sich auf den Infinitiv beziehen, stehen unmittelbar **vor dem Infinitiv** (↑ Kap.5.1). Die **Negation** steht geschlossen **vor den Objektpronomen.**	Aujourd'hui, je lave ma voiture. **Avant de la laver,** je prépare tout. Le dimanche, je dois faire la cuisine. **Pour ne pas la faire** aujourd'hui, je vais au restaurant.

ÜBUNG 8 **Ordne die Verben und Wendungen nach ihrer Ergänzung.**

essayer – commencer – adorer – proposer – continuer – pouvoir – il faut – avoir envie – réussir – avoir besoin – être en train – s'habituer – oser – finir – laisser – demander – savoir

Präposition ***à:*** ______

Präposition ***de:*** ______

Präposition ***par:*** ______

ohne Präposition: ______

ÜBUNG 9 **Ergänze, wenn nötig, die Präposition *à* oder *de*.**

1. Elle a réussi ___ passer l'examen. 2. Il faut ___ ranger l'appartement.
3. Il est interdit ___ marcher sur la pelouse.
4. J'adore ___ passer mes vacances ici.
5. Elle est en train ___ écrire un e-mail. 6. Marc préfère ___ rester à Paris.
7. Ils ont toujours commencé ___ chanter. 8. J'essaie ___ monter à cheval.
9. Tu as besoin ___ faire les courses. 10. Luc demande à son père ___ l'aider.

ÜBUNG 10 **Setze die Präposition *sans* oder *pour* ein.**

1. ___ pouvoir acheter une voiture, il travaille sans arrêt.
2. Elle a de bonnes notes ___ apprendre beaucoup.
3. Je ne veux plus la voir. C'est pourquoi je suis parti ___ lui parler.
4. Il ne va jamais à la cantine de son entreprise ___ faire des économies *(sparen)*.
5. Mon grand-père traverse toujours la rue ___ faire attention aux voitures.

ÜBEN

ÜBUNG 11 **Verbinde die Sätze durch eine Infinitivkonstruktion mit *pour* oder *sans*. Gehe wie im Beispiel vor und schreibe die Sätze in dein Übungsheft.**

1. Il fait la cuisine. Il veut recevoir des amis.

   Il fait la cuisine pour recevoir des amis.

2. Il veut gagner beaucoup d'argent. Il cherche un autre travail.
3. Ils quittent la maison. Ils ne prennent pas leurs valises.
4. Sabine quitte la maison très tôt. Elle ne veut pas être en retard.
5. Nous entrons dans le salon. Nous ne dérangeons pas nos parents.
6. Je lis le journal tous les jours. Je dois m'informer.

ÜBUNG 12 **Maries Tag: Bilde Sätze mit *avant de* und mit *après + infinitif passé*.**

1. Avant de prendre le petit-déjeuner, Marie prend une douche.

   Après avoir pris une douche, Marie prend le petit-déjeuner.

2. Après avoir pris le petit-déjeuner, elle ______

   Avant ______

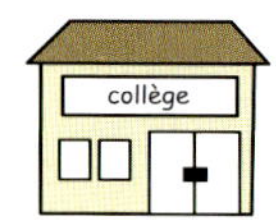

3. Après ______

   Avant ______

4. Après ______

   Avant ______

ÜBUNG 13 **Übersetze die folgenden Sätze und schreibe sie in dein Übungsheft.**

1. Nathalie geht nach Italien, um besser Italienisch zu lernen.
2. Nachdem M. Fabre ein Baguette in der Bäckerei gekauft hat, geht er in den Buchladen, um einen Kriminalroman zu suchen.
3. Bevor wir auf den Champs-Élysées spazieren gehen, steigen wir auf den Eiffelturm.
4. Im Bad nimmt sie zuerst eine Dusche *(commencer + ?)* und zum Schluss *(finir + ?)* putzt sie sich die Zähne.
5. Luc ist gerade angekommen. Wir sind gerade dabei, ihm ein Essen zuzubereiten.

7.3 Indirekte Rede

Man kann Gesagtes in **direkter oder indirekter Rede** wiedergeben.

Il dit: «Je vais aller à Lyon.»
Il dit **qu'il va aller à Lyon.**

Anders als im Deutschen ist im Französischen die **Wortstellung** in der direkten und indirekten Rede gleich:
S – V – O

Beachte: Im Französischen steht nie ein Komma vor der indirekten Rede.

«Je lis un roman.»
Elle dit qu'elle lit un roman.
„Ich lese einen Roman."
Sie sagt, dass sie einen Roman liest.

Folgende Verben z. B. **leiten** häufig eine indirekte Rede **ein:**
ajouter, apprendre, avouer (zugeben), *demander, dire, écrire, entendre dire* (hören), *être d'avis* (der Meinung sein), *expliquer, imaginer* (sich vorstellen), *montrer, penser, raconter, répéter, répondre, savoir, trouver, voir.*

Nous voulons savoir si Étienne regarde le match de foot avec nous.
Imagine que tu passes tes vacances au bord de la mer.
Je trouve qu'il est un peu bizarre.
Elle écrira quand ils arriveront.
Il demande si elle sort avec lui.
Je raconte que j'ai fait un voyage.

Bei der Umformung der direkten Rede in die **indirekte Rede** verändern sich wie im Deutschen die **Verbformen** sowie die **Pronomen** und **Possessivbegleiter** der 1. und 2. Person:

- **Subjektpronomen:**
  je, te → il, elle *nous, vous → ils, elles*
- **direkte Objektpronomen:**
  me, te → le, les *nous, vous → les*
- **indirekte Objektpronomen:**
  me, te → lui *nous, vous → leur*
- **Possessivbegleiter:**
  mon, ma, mes / ton, ta, tes → son, sa, ses
  notre, nos / votre, vos → leur, leurs

Elle ajoute: «**Je fais** les courses et **tu fais** la cuisine, Luc.»
Elle ajoute qu'**elle fait** les courses et qu'**il fait** la cuisine.

Il avoue: «**Je vous** aiderai toujours.»
Il avoue qu'**il les** aidera toujours.

Marc dit à Lisa: «**Je te** montre **mon** vélo.»
Marc dit qu'**il lui** montre **son** vélo.

Du musst die **Satzart** beachten:

- **Aussagesätze** werden zu **Nebensätzen,** die nach einem Verb z. B. des Sagens oder Denkens mit der **Konjunktion** ***que / qu'*** eingeleitet werden.
- **Entscheidungsfragen** (= Fragen ohne Fragewort) werden mit ***si*** (ob) eingeleitet (nur vor ***il*** wird ***si*** zu ***s'*** apostrophiert); ***est-ce que*** **entfällt** dann.

Ils disent: «Pierre veut dormir.»
Ils disent **que** Pierre veut dormir.
Elle est d'avis **qu'**elle gagnera le match et **qu'**il la félicitera.
Je demande: «Est-ce que tu viendras?»
Je demande **si** elle viendra.
aber: Je demande **s'**il viendra.

■ **Ergänzungsfragen** (= Fragen mit Fragewort) werden mit dem Fragewort, aber **ohne *est-ce que*** eingeleitet.

«Quand est-ce que vous êtes arrivés?»
Nous voulons savoir **quand ils** sont arrivés.

Merke: Steht eine Frage mit ***qu'est-ce qui / qu'est-ce que*** (was), so wird daraus in der indirekten Frage ***ce qui*** (Subjekt) bzw. ***ce que*** (Objekt).

«**Qu'est-ce qui** te plaît?»
Elle demande **ce qui** te plaît.
«**Qu'est-ce que** vous avez vu?»
Il veut savoir **ce que** vous avez vu.

■ **Befehlssätze** werden durch einen Infinitiv mit der **Präposition *de*** eingeleitet.

Elle dit: «**Arrête** de dire des bêtises.»
Elle lui dit **d'arrêter** de dire des bêtises.

Anders als im Deutschen musst du darauf achten, in welchem **Tempus** das **einleitende Verb** steht:

■ Steht das einleitende Verb **nicht in der Vergangenheit** *(présent, futur, conditionnel présent)*, so wird die **Zeit der direkten Rede** beibehalten.

Il demande à Lisa et à Marie:
«Comment est-ce que vous **avez passé** vos vacances?»
Il demande comment elles **ont passé** leurs vacances.

■ Steht das einleitende Verb **in der Vergangenheit** *(imparfait, passé composé, plus-que-parfait, conditionnel passé)*, so gibt es eine **Zeitverschiebung** im Vergleich zur direkten Rede:

direkte Rede		**indirekte Rede**
présent	→	*imparfait*
passé composé	→	*plus-que-parfait*
futur simple	→	*conditionnel présent*
futur antérieur	→	*conditionnel passé*

Il a répondu: «Je **pars** tout de suite.»
Il a répondu qu'il **partait** tout de suite.
Elle pensait toujours: «Il n'**a** pas **répondu** à ma lettre.»
Elle pensait toujours qu'il n'**avait** pas **répondu** à sa lettre.
J'avais expliqué: «Je **resterai** dehors.»
J'avais expliqué que je **resterais** dehors.
Elle aurait dit: «Quand j'**aurai fini** le travail, je me **reposerai.**»
Elle aurait dit que, quand elle **aurait fini** le travail, elle se **reposerait.**

Folgende Zeitformen bleiben jedoch stets unverändert:

direkte Rede		**indirekte Rede**
imparfait	→	*imparfait*
plus-que-parfait	→	*plus-que-parfait*
conditionnel	→	*conditionnel*

Elle a répondu: «Je **disais** toujours la vérité.
Elle a répondu qu'elle **disait** toujours la vérité.
Il a raconté: «J'**avais passé** mes vacances à Berlin.»
Il a raconté qu'il **avait passé** ses vacances à Berlin.
Léa ajoutait: «À ta place, je **ferais** mes devoirs et j'**aurais appris.**»
Elle ajoutait qu'elle **ferait** ses devoirs et qu'elle **aurait appris** à ma place.

ÜBUNG 14 **Überlege, mit welchem Wort die Nebensätze bei der Umformung in die indirekte Rede jeweils angeschlossen würden.**

1. «Vous viendrez demain?» si
2. «Quand est-ce que tu arrives?»
3. «Qu'est-ce qui te plaît?»
4. «Pourquoi est-ce que tu pleures?»
5. «Qui a apporté ce cadeau?»
6. «Arrêtez.»
7. «Il y a encore du pain?»
8. «J'ai regardé la télé.»
9. «Réponds à ma question.»
10. «Est-ce que tu as travaillé?»

ÜBUNG 15 **Forme um in indirekte Rede: Unterstreiche zuerst alle Wörter, die sich dabei verändern. Schreibe dann die indirekte Rede mit der Redeeinleitung im Präsens in dein Übungsheft. Setze dann das einleitende Verb ins *passé composé* und passe die Zeiten in den Nebensätzen den Regeln an.**

1. Elle répond: «J'ai rangé ma chambre.»
2. Il demande: «Tu viens, Luc?»
3. Lisa demande: «Qu'est-ce qu'il en pense?»
4. Il nous dit: «Prenez vos livres.»
5. Marc raconte: «Nous partirons plus tôt.»
6. Je lui dis: «Dis-moi la vérité.»
7. Elles ajoutent: «Ta maison nous plaît.»
8. Elle demande à Elsa: «Tu habites où?»

ÜBUNG 16 **Die Klasse 9 b hat ihre französischen Brieffreunde in Paris besucht. Yvonne erzählt von der Hinreise. Bilde Sätze nach dem Muster: *Marie a dit qu'elle avait oublié sa brosse à dents.* Schreibe in dein Übungsheft.**

ÜBUNG 17 **Tante Claire hört sehr schlecht. Bei ihrem letzten Besuch musste Sarah all ihre Fragen wiederholen.**

1. Sarah: «Qu'est-ce que vous avez visité à Tournon?» – Tante Claire: «Comment?» – Sarah: «Je t'ai demandé ______
2. Sarah: «Pourquoi est-ce que tu ne me téléphones jamais?» – Tante Claire: «Comment?» – Sarah: ______
3. Sarah: «Il faisait beau?» – Tante Claire: «Comment?» – Sarah: ______
4. Sarah: «Patrick m'a écrit une lettre et je lui rendrai visite dans une semaine.» – Tante Claire: «Comment?» Sarah: «Je t'ai dit ______

WISSEN +

Orts- und Zeitangaben
Einige Orts- und Zeitangaben werden in der indirekten Rede verändert:

direkte Rede		indirekte Rede
aujourd'hui	→	*ce jour-là*
ce soir	→	*ce soir-là*
demain	→	*le lendemain*
hier	→	*la veille*
dans une semaine	→	*une semaine plus tard*
il y a une semaine	→	*une semaine plus tôt*
ici	→	*là-bas*
maintenant	→	*alors*

direkte Rede:	*indirekte Rede:*
Il dit: «**Hier,** je suis allé au supermarché. **Demain,** j'irai au marché.»	Il dit qu'il était allé au supermarché **la veille** et qu'il irait au marché **le lendemain.**

ÜBUNG 18 **Übersetze die folgenden Sätze und schreibe sie in dein Übungsheft.**

1. Maurice hat mir erzählt, dass er an dem Abend lange am Bahnhof gewartet habe.
2. Sabine wollte wissen, ob wir einen Spaziergang mit ihr machen würden.
3. Wir haben nicht verstanden, warum sie nicht glücklich ist.
4. Nicole hatte uns geantwortet, dass sie vor zwei Wochen ihr Auto verkauft habe.

7.4 *Participe présent* und *gérondif*

Mit dem ***participe présent*** und mit dem ***gérondif*** kann man Sätze verkürzen. Beide Formen sind **zeitlich neutral,** d. h. bei der deutschen Übersetzung ist das **Tempus des Hauptsatzes** entscheidend.	Elle **comprend** bien l'espagnol, **regardant** des films espagnols en version originale. – Sie **versteht** gut Spanisch, da sie spanische Filme in der Originalfassung **anschaut.** Il **lisait** le journal **en écoutant** de la musique. – Er **las** die Zeitung, während er Musik **hörte.**
Das *participe présent* und das *gérondif* sind **unveränderlich.** Beide Formen werden vom Stamm der 1. Pers. Pl. Präsens (ohne *-ons*) abgeleitet und haben die **Endung *-ant.***	nous regard-ons → regard- *(= Stamm)* *participe présent:* **regardant** *gérondif:* **en regardant**
Merke: Unregelmäßige Formen: *être* → ***étant,*** *avoir* → ***ayant,*** *savoir* → ***sachant.***	
Objektpronomen stehen unmittelbar vor der Form mit *-ant.* Die **Verneinung** umklammert Objektpronomen und Verbform.	**En les regardant,** j'ai vu leurs couleurs. **N'ayant pas** beaucoup d'argent, Pierre n'a pas pu s'acheter le cheval. **En n'y pensant pas,** je me sens bien.
Das ***participe présent*** wird nur in der Schriftsprache verwendet. Es ersetzt **Relativsätze** oder **kausale Nebensätze** *(parce que, puisque, comme).* Das Subjekt des *participe présent* muss nicht mit dem Satzsubjekt übereinstimmen.	Nous cherchons une secrétaire qui parle bien l'italien. → Nous cherchons une secrétaire **parlant** bien l'italien. Les professeurs sont contents parce que les élèves apprennent bien la grammaire. → Les élèves **apprenant** bien la grammaire, les professeurs sont contents. Comme elle attend à la gare, elle regarde les trains. → **Attendant** à la gare, elle regarde les trains.
Das ***gérondif*** ersetzt Nebensätze, ■ die **gleichzeitig** sind *(pendant que, quand),*	Pendant qu'elle mange, elle parle. → Elle parle **en mangeant.** (während sie isst)
■ die eine **Bedingung** ausdrücken (Konditionalsatz mit *si*),	Si tu prends cette route, tu arriveras à l'heure. → **En prenant** cette route, tu arriveras à l'heure.
■ die eine **Art und Weise** beschreiben (indem, dadurch, dass).	Elle a souri. Comme ça, elle est arrivée. → Elle est arrivée **en souriant.**
■ die einen **Gegensatz** beinhalten (obwohl), oft wird das ***gérondif*** durch ***tout*** verstärkt.	**Tout en travaillant** beaucoup, il gagne peu d'argent. – Obwohl er viel arbeitet, verdient er wenig Geld.
Achtung: Das **Subjekt** des *gérondif* muss mit dem Satzsubjekt **übereinstimmen!**	

ÜBUNG 19 **Bilde das *participe présent* bzw. das *gérondif*.**

Infinitiv	participe présent
essayer	
ouvrir	
être	
perdre	
avoir	
aller	
savoir	

Infinitiv	gérondif
finir	
dormir	
prendre	
appeler	
recevoir	
faire	
vouloir	

ÜBUNG 20 **Verkürze die rot hervorgehobenen Nebensätze durch ein *participe présent*.**

1. Pauline s'est acheté un ordinateur parce qu'elle avait assez d'argent.

2. Vous voyez la dame qui est à la boulangerie?

3. Comme je m'intéresse à la politique, je regarde toujours le journal télévisé.

4. Tu connais ce monsieur qui traverse la rue?

ÜBUNG 21 **Ersetze die rot gedruckten Sätze durch ein *gérondif*, wenn möglich.**

1. S'il pleut, je resterai à la maison.

2. Pendant que Paul travaille, il boit du café.

3. Il est très riche mais il n'est pas content.

4. Quand Lisa arrivera, je vous téléphonerai.

ÜBUNG 22 **Übersetze die folgenden Sätze mit *participe présent* oder *gérondif*.**

1. Ich suche einen Studenten, der Spanisch lernt.

2. Obwohl wir Hunger hatten, haben wir nichts gegessen.

3. Da sie wenig Geld hat, fährt sie nicht in Urlaub.

4. Wenn du mich begleitest, wirst du endlich mein neues Haus sehen.

5. Pierre träumt immer, wenn er schläft.

6. Indem sie italienische Bücher liest, verbessert *(perfectionner)* sie ihr Italienisch.

Check-up Satzarten

45 Minuten

AUFGABE 1 **Bilde fünf Fragen. Schreibe in dein Übungsheft.**

qu'est-ce que pourquoi qui comment quand est-ce que	tu dis trouves-tu vous arrivez Patrick a-t-il répondu est venu	Fabienne à cette lettre

AUFGABE 2 **Finde die Fragen zu den rot gedruckten Antworten. Verwende sowohl Fragen mit *est-ce que* als auch Inversionsfragen, falls dies möglich ist.**

1.

   Nous sommes arrivés à la maison vers huit heures.

2.

   Pierre et Nadine ont rangé toute la maison.

3.

   J'ai lu un roman très intéressant.

4.

   Elle passera une semaine en Afrique.

5.

   Elle avait acheté des tomates.

AUFGABE 3 **Forme die folgenden Fragen in absolute Fragen um. Schreibe in dein Übungsheft.**

1. Où est-ce que son père travaille?
2. Quand est-ce que ses parents quittent la maison le matin?
3. Pour qui est-ce que Claudine a réservé la table au restaurant?
4. Qui est-ce que le journaliste a interviewé?
5. Pourquoi est-ce que Céline n'a pas répondu à mon e-mail?

AUFGABE 4 **Setze die Aussagesätze in die indirekte Rede und schreibe sie in dein Übungsheft. Beachte die Zeitenfolge! Einmal musst du eine Zeitangabe anpassen.**

1. Les élèves disent: «Nous avons trop de devoirs.»
2. Le prof a annoncé aux élèves: «Vous allez écrire un contrôle.»
3. Marie raconte: «Le prof ne nous a jamais expliqué les problèmes de maths.»
4. Pierre a déclaré: «Demain, nous ferons une excursion à la campagne.»

AUFGABE 5 **Setze die direkte Rede in die indirekte Rede. Achte auf die Zeiten!**

1. Sabine à nous: «Vous me donnerez vos BD?»

   Elle nous a demandé

2. Les parents à leurs enfants: «N'oubliez pas de mettre vos casques.»

   Ils leur disent

3. Pascal à son frère: «Qu'est-ce que tu as fait?»

   Il lui a demandé

4. Maurice à son prof: «Je n'ai pas compris les devoirs de maths.»

   Il lui disait

5. Lisa à sa mère: «J'aimerais faire un voyage en Égypte.»

   Elle lui a raconté

AUFGABE 6 ***Questions pour un champion:*** **Kreuze die richtigen Antworten an. Wandle anschließend die Fragen in indirekte Fragen um. Beginne mit:** ***Le speaker a demandé ...*** **Schreibe in dein Übungsheft.**

1. Quand est-ce qu'on a construit la tour Eiffel?

   - [ ] 1789 - [ ] 1889 - [ ] 1630

2. Où est-ce qu'on fabrique le fromage «Le Roquefort»?

   - [ ] en Normandie - [ ] en Auvergne - [ ] en Alsace

3. Quelle ville n'est pas au bord de la mer?

   - [ ] Reims - [ ] Nice - [ ] Marseille

4. Versailles, qu'est-ce que c'est?

   - [ ] un musée - [ ] un hôtel - [ ] un château

5. Qui n'a jamais été président de la République française?

   - [ ] Jean Reno - [ ] Jacques Chirac - [ ] Nicolas Sarkozy

AUFGABE 7 **Setze, wo nötig, die passende Präposition ein: *à, de, pour* oder *sans*.**

Les Durand viennent ______ s'acheter une maison près de Paris. Ils commencent tout de suite ______ préparer le déménagement: M. Durand est en train ______ chercher des cartons, les enfants essaient ______ ranger leurs affaires et Mme Durand est contente ______ pouvoir ______ téléphoner à une entreprise ______ trouver un camion. Elle préfère ______ prendre un camion très grand. Elle réussit ______ en trouver un. «Allez, les enfants! N'oubliez pas ______ remplir tous les cartons. Il faut ______ travailler ______ se reposer. On n'a pas le temps! Bientôt, nous pourrons ______ habiter dans une belle maison avec jardin!

AUFGABE 8 **Verknüpfe die folgenden Sätze mit einer Infinitivkonstruktion und schreibe sie in dein Übungsheft.**

1. Lisa a quitté la maison de ses parents. Elle n'a pas dit au revoir.
2. Étienne travaille toujours beaucoup pour l'école. Il veut passer le bac sans difficultés.
3. Annie veut ouvrir une bouteille de vin. Elle prend un ouvre-bouteille.
4. D'abord, nous sommes allés au Louvre. Après, nous nous sommes promenés aux Tuileries.
5. Patrick a mis ses lunettes de soleil. Puis il est allé à la piscine.

AUFGABE 9 **Verkürze die Sätze mit einem *gérondif* oder einem *participe présent*, falls dies möglich ist. Schreibe die Sätze in dein Übungsheft.**

1. Il n'a pas trouvé de travail. C'est pourquoi il a continué à chercher.
2. Si tu prends la voiture, tu arriveras plus vite à la gare.
3. Si tu veux faire une promenade, j'arrive tout de suite et je t'accompagne.
4. Elle a trouvé un étudiant qui sait travailler avec l'ordinateur.
5. Il est parti et il a ri.

AUFGABE 10 **Übersetze die folgenden Sätze und schreibe sie in dein Übungsheft.**

1. Sag mir, was du tust und was dir einfällt *(venir à l'esprit)*.
2. Er wollte wissen, ob sie gerne reise, was ihr gefalle und worüber sie nicht gerne spreche.
3. Nachdem wir das Theaterstück angesehen hatten, sind wir ins Café gegangen, um ein wenig darüber zu diskutieren.
4. Obwohl sie viel verdient, geht sie überhaupt nicht gern einkaufen.
5. Da sie Filme mit Jean Reno mögen, schauen sie seinen neuen Film im Kino an.

1 Verben

Ü1 vous chantez (chanter) – tu commences (commencer) – je / tu descends (descendre) – tu te dépêches (se dépêcher) – nous changeons (changer) – ils / elles préfèrent (préférer) – je / tu finis (finir) – j' / il / elle / on ouvre (ouvrir) – tu appelles (appeler) – ils / elles dorment (dormir) – vous réagissez (réagir) – j' / il / elle / on achète (acheter) – je / tu sors (sortir) – nous disputons (disputer)

Ü2

payer	nous payons	servir	il sert
agir	tu agis	partir	vous partez
lancer	nous lançons	applaudir	ils applaudissent
répondre	elles répondent	ranger	nous rangeons
offrir	tu offres	protéger	elle protège
commen-cer	nous commençons	entendre	j'entends

Ü3 **lever** – je lève – il / elle / on lève – ils / elles lèvent – nous levons – vous levez – tu lèves – je lève
perdre – il / elle / on perd – ils / elles perdent – vous perdez – nous perdons – je perds – tu perds – il / elle / on perd
finir – nous finissons – ils / elles finissent – vous finissez – tu finis – il / elle / on finit – je finis – nous finissons

Ü4 **1.** j'appelle – nous appelons; nous descendons – je descends; tu paies – vous payez
2. nous préférons – je préfère; j'avance – nous avançons; ils agissent – il agit
3. elle part – elles partent; ils couvrent – il couvre; tu descends – vous descendez

Ü5 **1.** ils / elles épellent; **2.** il ouvre; **3.** nous partons; **4.** je sens; **5.** elle dort; **6.** tu paies; **7.** nous nageons
Lösung: **Lutetia** (franz. *Lutèce*)

Ü6 Ce matin, Christine **se lève** très tôt parce que c'est le marché aujourd'hui. Elle **appelle:** «Luc, est-ce que tu **dors** encore?» Luc: «Moi, je **préfère** rester au lit, et toi, tu **ranges** la maison et tu **nettoies** la cuisine. Après, je **me promène** un peu, et toi, tu **achètes** des fruits au marché.» – Christine: «Non, d'abord, nous **rangeons** ensemble, puis nous **choisissons** les fruits au marché et nous **nous promenons. Commençons.**» Au marché, ils **découvrent** des fruits très frais. Le commerçant les **sert:** «Qu'est-ce que je vous **offre?**» – Christine **répond:** «Je voudrais trois kilos de bananes.» Luc **réagit** tout de suite: «Mais tu **exagères,** c'est trop!» Christine: «D'accord, j'**achète** un kilo de bananes.» Le commerçant **pèse** les bananes.

Ü7 Die falschen Formen lauten korrigiert: je do**r**s – tu se**n**s – nous mang**e**ons – vous pa**y**ez – il per**d** – elle rép**è**te – tu per**ds** – nous p**e**sons

Ü8

	Infinitiv	**1. Pers. Sg. Präs.**	**1. Pers. Pl. Präs.**
il répète	répéter	je répète	nous répétons
tu agis	agir	j'agis	nous agissons
ils essaient	essayer	j'essaie	nous essayons
vous protégez	protéger	je protège	nous protégeons
elles dorment	dormir	je dors	nous dormons

Ü9 **1.** Nous offrons un café à Paul, mais d'abord, il nous faut / nous devons nettoyer une tasse. **2.** J'épelle le mot «chien». Épelez «nous choisissons», s'il vous plaît. **3.** Répétez la phrase: «Nous lançons le ballon.» **4.** Il préfère promener son chien tandis que / alors que nous préférons dormir. **5.** Nous déménageons à Valence. Notre père y achète un appartement.

Ü10 **1.** nous avons; **2.** il boit; **3.** nous croyons; **4.** il plaît; **5.** elle naît; **6.** ils / elles peuvent; **7.** ils / elles doivent; **8.** elle tient; **9.** nous craignons; **10.** nous construisons
Übrig bleiben: vous voulez, ils / elles viennent

Ü11

recevoir	je reçois	s'apercevoir	nous nous apercevons
conduire	elle conduit	rire	il rit
suivre	je suis	fuir	vous fuyez
suffire	il suffit	se plaindre	je me plains
plaire	elles plaisent	courir	tu cours
naître	ils naissent	interrompre	vous inter-rompez
mourir	elle meurt	être	je suis

Ü12 **1.** Sache (savoir); **2.** Ayez (avoir); **3.** Aie (avoir); **4.** Va (aller); **5.** Asseyez-vous (s'asseoir); **6.** Assieds-toi (s'asseoir)

Ü13 **s'asseoir:** je m'assois / assieds – tu t'assois / assieds – il s'assoit / assied – nous nous asseyons / assoyons – vous vous asseyez / assoyez – ils s'assoient / asseyent
s'en aller: je m'en vais – tu t'en vas – il s'en va – nous nous en allons – vous vous en allez – ils s'en vont

Ü14 **1.** il vit; **2.** tu sais; **3.** vous dites; **4.** elle reçoit; **5.** ils battent; **6.** ils vont; **7.** nous croyons; **8.** nous comprenons; **9.** vous tenez; **10.** tu conduis

Ü15 **1.** né; **2.** cru; **3.** connu; **4.** fui; **5.** craint; **6.** mort; **7.** vu; **8.** vécu; **9.** interrompu; **10.** suivi

Ü16 **1.** Nous **connaissons** nos correspondants anglais depuis longtemps. Chaque semaine, nous **recevons** des lettres qu'on **traduit** pour nos parents. Ils ne **comprennent** pas l'anglais. **2.** C'**est** vraiment un accident grave: beaucoup de gens **meurent** et peu de personnes **survivent** à cette catastrophe. **3.** Vous **faites** toujours des blagues et des bêtises, les enfants. Ça **suffit** maintenant. Votre comportement me **déçoit!** **4.** Marc est terrible! Il **se plaint** toujours, il **conduit** mal, il nous **bat** et il nous **suit** toujours, bref, il ne nous **plaît** pas du tout!

Ü17 **1.** Dans son livre, l'auteur décrit la vie de ses amis Pierre et Charles. **2.** Asseyez-vous, s'il vous plaît. Maintenant, on lit / nous lisons deux histoires qui vous plaisent certainement / sûrement. **3.** Connaissez-vous / Vous connaissez le frère de Mathilde? – Non, nous ne le connaissons pas mais nous savons qu'il deviendra médecin. **4.** Ce soir, nous recevons / accueillons beaucoup d'invités. Gilles vient aussi. Vous vous souvenez de lui? – Non, je ne me souviens pas de Gilles. C'est l'homme qui construit des ponts et qui craint les serpents / a peur des serpents?

Check-up Kapitel 1

A1 ouvrir: j'ouvre – tu ouvres – il ouvre
finir: nous finissons – vous finissez – il finit
chanter: je chante – tu chantes – nous chantons
attendre: nous attendons – tu attends – ils attendent
dormir: je dors – nous dormons – elles dorment

A2 **1.** elle finit; **2.** tu découvres; **3.** nous lançons; **4.** vous pesez; **5.** je réagis; **6.** nous envoyons; **7.** il entend; **8.** ils comprennent; **9.** nous bougeons; **10.** nous remplaçons; **11.** elles répètent; **12.** je souffre; **13.** tu choisis; **14.** vous payez

A3 je vois: voir – il va: aller – nous naissons: naître – nous croyons: croire – il vainc: vaincre – elle bat: battre – tu vis: vivre – nous écrivons: écrire – il meurt: mourir – vous accueillez: accueillir – ils agissent: agir – elle suit: suivre – il suffit: suffire – ils se plaignent: se plaindre – il connaît: connaître – tu veux: vouloir

A4 **1.** Il nous **interdit** de regarder la télé.
2. À cinq heures et demie, je **m'en vais.**
3. Mon chien me **suit** toujours quand nous **faisons** une promenade.
4. Chaque soir, elle **lit** le journal.
5. Mes grands-parents **s'asseyent / s'assoient** dans leurs fauteuils.

A5 **1.** Vous **faites** beaucoup de blagues et nous **rions** souvent. **2.** Mes amis **vivent** en France, ma sœur **vit** en Angleterre et ma mère me **promet** de rendre visite à ma tante en Suisse.
3. Quand les Durand **s'en vont,** ils ne **sourient** jamais. **4.** Mes voisins me **suivent** toujours. On se **revoit** tous les jours. Nous **partageons** le jardin à côté de l'immeuble. Nous le **rangeons** toujours mais les voisins **promettent** toujours de le faire.
5. Je **connais** une femme qui **prévoit** l'avenir.
6. Aujourd'hui, nous **recevons** des invités.
7. Tu **deviens** grand, tu **grandis** chaque jour.

A6 **1.** Mon amie vit en Italie depuis trois ans, mes grands-parents vivent en Provence depuis un an. **2.** Vous courez vite / rapidement, je ne vous suis plus. Je m'assieds / assois maintenant et je vous attends. **3.** Tu vois Annick? – Non, je vois Simone. Elle ouvre une bouteille de vin parce qu'elle offre un apéritif à ses amis. Annick met peut-être la table ou nettoie la cuisine. **4.** Je ne te comprends pas. Tu souris toujours / tout le temps. Moi, je ris rarement et je fuis les hommes.

2 Zeiten

Ü1

	1. Person Pl. Präs.	imparfait
tu prends	nous prenons	tu prenais
ils ouvrent	nous ouvrons	ils ouvraient
elles sortent	nous sortons	elles sortaient
vous mettez	nous mettons	vous mettiez
tu fais	nous faisons	tu faisais
je réfléchis	nous réfléchissons	je réfléchissais

il dit	nous disons	il disait
elle répète	nous répétons	elle répétait
ils sont	nous sommes	ils étaient
elles appellent	nous appelons	elles appelaient

Ü2 J'**avais** neuf ans. Chaque automne, nous **passions** les vacances chez mon oncle et ma tante en Auvergne. Il y **avait** beaucoup de volcans. J'**aimais** faire des promenades dans la forêt. Mon oncle **était** aimable et il m'**accompagnait** toujours. Avec Lucille, la fille des voisins, je **faisais** du vélo et nous **nagions** dans le fleuve qui **passait** par le village. J'**étais** très heureuse parce que ma tante nous **préparait** des gâteaux formidables. Le week-end, nous **mangions** dans un petit restaurant qui s'**appelait** «Le cheval noir». Quels temps heureux!

Ü3 eu (avoir) – lu (lire) – été (être) – voulu (vouloir) – bu (boire) – venu (venir) – pris (prendre) – allé (aller) – dormi (dormir) – écrit (écrire) – fait (faire) – répondu (répondre) – ouvert (ouvrir) – perdu (perdre) – senti (sentir) – dit (dire) – pu (pouvoir) – permis (permettre) – vu (voir) – conduit (conduire)

Ü4 Elle a organisé – Mme Brandt a préparé – elle a fait – ils ont pris – les élèves sont montés – on est parti – ils sont arrivés – on est descendu – la découverte de la ville des Papes a commencé – Sabine, une des élèves, n'a pas voulu – elle a commencé – Sa corres lui a dit

Ü5 **1.** Je **les** ai **mis** dans ton sac à dos. **2.** Nous **les** avons **prises. 3.** Manon **l'a oublié** sur la table. **4.** Nous **les** avons **trouvées**!

Ü6 Pour la première fois, j'**étais venue** à Dijon quand j'étais élève au collège de filles. Nous **avions pris** le train pour y arriver. Nous **avions réservé** une chambre dans un petit hôtel près du centre-ville. À la gare de Dijon, nous **avions demandé** le chemin à une dame. Elle **était montée** dans notre taxi et elle nous **avait expliqué** comment trouver notre hôtel. Quand nous **étions arrivées** au centre-ville, nous **étions descendues** du taxi. La dame **était restée** dans le taxi et **avait continué** son chemin. À l'hôtel, nous **avions bu** et nous **avions fait** un repas formidable. Après, nous **avions dormi**.

Ü7 **1.** Oui, je **l'ai regardé** samedi. **2.** Oui, je **les ai écoutés** hier. **3.** Mon père **l'a écrit. 4.** Non, il **ne les a pas écrits. 5.** Nous avons mangés les tartes que nous **avons achetées** à midi. **6.** Elles cherchent l'eau minérale qu'elles **ont bue** à Lyon. **7.** Je te montre les photos que j'**ai prises** à Arles. **8.** Nous connaissons toutes les chansons que Georges Moustaki **a chantées** pendant son concert à Stuttgart. **9.** Combien d'oranges est-ce que tu **as vendues** au marché? **10.** Quels livres est-ce que tu **as lus**? **11.** Où sont les BD que j'**ai offertes** à ma sœur?

Ü8 **1.** Le père de Nadine **voulait** faire une randonnée avec sa fille. **2.** C'est pourquoi il **avait acheté** une tente. **3.** Il **a pris** un grand sac à dos et ils **ont mis** la tente dans ce sac à dos. **4.** Nadine et son père **ont choisi** un terrain de camping près de Blois. **5.** Pendant deux jours, ils **ont visité** deux châteaux de la Loire. **6.** Nadine **les a trouvés** très beaux. **7.** Le soir, Nadine et son père **chantaient** des chansons qu'ils **avaient apprises** il y a des années. **8.** Puis ils **ont lu** les livres qu'ils **avaient apportés. 9.** Normalement, les vacances en famille, Nadine les **avait détestées. 10.** Maintenant, Nadine dit que ce sont vraiment des journées super qu'ils **ont passées** ensemble.

Ü9 **1.** Combien de voyages est-ce que tu **as faits** à Paris? **2.** Vous **avez lu** les lettres que je vous **ai écrites**? **3.** Où sont les cartes postales que j'**ai achetées**? – Je les **ai mises** sur la table. **4.** Ma tante **est** déjà **arrivée.** Elle **a** vraiment **couru**! **5.** Est-ce que tu **as lavé** la voiture? – Non, je ne **l'ai** pas encore **lavée. 6.** Sabine, tu **t'es** bien **amusée**? **7.** Robert **s'est levé** tôt aujourd'hui mais Yvonne **s'est levée** très tard. **8.** Pascal et Luc ne se **sont** pas **rencontrés**, c'est pourquoi ils **se sont écrit** des e-mails. **9.** Nadine **s'était préparé** un sandwich. **10.** Lucien et Gérard **s'étaient réveillés** à huit heures.

Ü10 **1.** imparfait (faisait): Beschreibung im Hintergrund; passé composé (avons pris): neu eintretende Handlung, Vordergrund
2. imparfait (était / étais): Beschreibung der Begleitumstände, Hintergrund; passé composé (est entrée): neu eintretendes Ereignis (Signalwörter: quand, tout à coup)
3. passé composé: aufeinanderfolgende, sich gegenseitig begrenzende Handlungen, Handlungskette (Signalwörter: d'abord, ensuite, puis, finalement)
4. imparfait (allait): Gewohnheit bzw. sich wiederholende Tätigkeit in der Vergangenheit (Signalwort: tous les matins)
5. imparfait (chassaient): Handlung, die bereits begonnen hat und noch andauert; passé composé (ont attaqués): neu eintretende Handlung (Signalwort: quand)

Ü11 **1.** Madeleine **jouait** au tennis quand sa mère **a appelé**. **2.** D'abord, je **suis allé(e)** à l'école, après j'**ai fait** mes devoirs. **3.** Un jour, nous **avons rencontré** des gens qui **faisaient** un voyage en France. Ils nous **ont demandé** le chemin du Louvre. **4.** Il **faisait** nuit. Oh, il **était** déjà minuit. Monique et moi, nous **étions** en train de discuter. Tout à coup, Monique **a crié**: «Au secours! Un fantôme!» Mais ce **n'était pas** un fantôme, c'**était** le chat noir des voisins. **5.** Chaque soir, Mme Legrand **attendait** son mari. Il **était** dix heures du soir, mais M. Legrand **n'était pas encore** à la maison. Mme Legrand **se faisait** du souci. À minuit, un taxi **est arrivé** et son mari **est descendu**. Il **a payé** le chauffeur et le taxi **est parti**.

Ü12 Samedi dernier, nous **avons fait** une boum chez mon amie Laurence parce que les parents de Laurence **étaient partis** en vacances. On **avait pu / pouvait** tout préparer sans parents! Toute la semaine, nous **avions / avons préparé** la fête: Luc **avait / a acheté** quelque chose à manger et à boire, Pierre **avait / a apporté** la musique, Laurence et moi, nous **avions / avons décoré** la maison. Samedi soir, tous les amis **sont venus**. Nous **mangions**, nous **buvions** et nous **dansions** quand, tout à coup, les parents de Laurence **ont ouvert** la porte. Quelle surprise!!! Tout de suite, Pierre **a arrêté** la musique et tous les amis **sont partis**. Les parents de Laurence **n'étaient pas** contents parce que Laurence **n'avait rien dit** de la fête. Mais le lendemain, ils **ont dit** qu'à notre âge, ils **faisaient / avaient fait** la même chose!

Ü13 Nous **avons fait** une fête la semaine dernière. J'**avais invité** tous mes amis. Nous **avions** tout **préparé**: la musique, des salades et des boissons. Ce soir-là, mes parents **étaient allés** chez des amis, donc, la maison **était** vide. À huit heures, mes copains **sont arrivés** et nous **avons fêté** ensemble. Nous **dansions** et nous **chantions** nos chansons préférées quand le téléphone **a sonné**! Oh, c'**étaient** les voisins!

Ü14 Claudia **a passé** les cinq premières années de sa vie en Angleterre. C'**était** une petite fille qui **aimait** beaucoup ses parents. À l'âge de cinq ans, elle **a quitté** l'Angleterre avec ses parents. La famille **voulait** commencer une nouvelle vie à Lyon, en France. Le père **a trouvé** un bon travail et ils **ont pu** acheter une petite maison à Villefranche près de Lyon. Au début, Claudia n'**était** pas contente parce qu'elle n'**avait** pas de copines. Elle ne **parlait** pas le français et elle ne **comprenait** pas les autres élèves à l'école. Un jour, Jane, une fille américaine, **est entrée** dans sa classe. Elle **avait** les mêmes problèmes que Claudia. Elles **sont devenues** amies et **ont appris** le français ensemble.

Ü15 Pendant que mes amis **préparaient** des crêpes, je **faisais** une tarte aux fraises.
Tout à coup, j'**ai vu** une voiture qui **roulait** vers moi.
Linda n'**a** pas **pu** aller au concert parce qu'elle **était** trop fatiguée.
L'année dernière, notre prof de français **avait** très bien **préparé** l'échange scolaire.
Après l'école, Luc **est rentré** à la maison. Puis il **a mangé** quelque chose parce qu'il **avait** faim. Ensuite, il **a pris** son vélo et il **est parti**.

Ü16 **futur simple:** nous pourrons – il / elle / on fera – vous serez – il faudra – ils / elles courront – ils / elles attendront – tu trouveras – nous voudrons – tu auras – nous achèterons
futur antérieur: tu auras chanté – je serai descendu(e) – elle sera arrivée – nous serons sorti(e)s – j'aurai pris

Ü17

présent	futur composé	futur simple	futur antérieur
tu passes	tu vas passer	tu passeras	tu auras passé
nous finissons	nous allons finir	nous finirons	nous aurons fini
elle entend	elle va entendre	elle entendra	elle aura entendu
il faut	il va falloir	il faudra	il aura fallu
je viens	je vais venir	je viendrai	je serai venu(e)
vous buvez	vous allez boire	vous boirez	vous aurez bu
elles courent	elles vont courir	elles courront	elles auront couru

Ü18 **1.** Jacques ira à l'école. **2.** Yvonne écrira une lettre. **3.** Luc et Antoine joueront au foot. **4.** Nous irons à la piscine.

Ü19 **1.** viendront – venir; **2.** feras – faire; **3.** aurez mis – mettre; mangerons – manger; **4.** seras – être; **5.** voudront – vouloir; auront fini – finir

Ü20 je dormirai – je me lèverai – je prendrai – ma mère le préparera – il fera – j'irai – nous jouerons – Nous pourrons – il pleuvra – je resterai – je rangerai – je jouerai – nous ferons – On passera – je n'apprendrai rien – Je mettrai – On verra!

Ü21 **2.** Antoine, quand tu **te seras levé**, tu **prendras** ta douche. **3.** Quand tu **auras fait** ton lit, tu **prendras** ton petit-déjeuner. **4.** Quand tu **auras pris** ton petit-déjeuner, tu ne **partiras** pas mais tu **apprendras** la grammaire anglaise.

5. Quand tu **auras fini**, tu **pourras** jouer au foot avec tes amis ou, quand vous **aurez** le temps, vous **pourrez** laver la voiture. **6.** Quand vous **aurez fait** le travail, il y **aura** une bonne portion de glace à la vanille à la crème Chantilly!

Ü22 1. Après que **nous aurons fait** les courses, **vous pourrez** faire la cuisine.
2. Demain, **il nous faudra / nous devrons** rentrer en France.
3. Quand **vous aurez passé** vos vacances en France, **vous parlerez** mieux le français.
4. **Je te parlerai** de mon voyage en Angleterre après que nous **serons rentré(e)s** en Allemagne.
5. Au musée de l'automobile, **on verra / nous verrons** de belles voitures.
6. Demain soir, **nous serons arrivé(e)s / on sera arrivé** à Dijon et **nous boirons / on boira** un verre de vin rouge.
7. Cet été, **je pourrai faire** un voyage avec un ami. D'abord, **nous prendrons / on prendra** le train, après **nous ferons / on fera** de l'autostop.
8. Demain matin, Luc et Christine **se lèveront** à cinq heures après que le soleil se **sera levé.**

Check-up Kapitel 2

A1 Die falschen Verbformen lauten korrekt:
futur simple: je descendrai – elle fera – nous serons
imparfait: elle prenait – je partais – tu lisais

A2 **imparfait:** il / elle / on buvait – nous allions – il fallait – ils / elles venaient – j' / tu étais – nous répétions – nous lisions – vous partiez – ils / elles dormaient – je / tu mettais – il / elle / on faisait – je / tu courais
futur simple: ils / elles conduiront – tu enverras – nous boirons – j'aurai – ils / elles prendront – vous achèterez – tu tiendras – vous serez – vous sortirez – tu courras

A3

présent	imparfait	passé composé	plus-que-parfait
vous entendez	vous entendiez	vous avez entendu	vous aviez entendu
je sors	je sortais	je suis sorti(e)	j'étais sorti(e)
ils finissent	ils finissaient	ils ont fini	ils avaient fini
tu mets	tu mettais	tu as mis	tu avais mis
il s'appelle Tom	il s'appelait Tom	il s'est appelé Tom	il s'était appelé Tom
nous venons	nous venions	nous sommes venu(e)s	nous étions venu(e)s
elles prennent	elles prenaient	elles ont pris	elles avaient pris

A4 C'**était** le début des vacances d'été. Il **faisait** très beau, le ciel **était** bleu. Nous **sommes montés** dans notre voiture et le voyage **a commencé**. Avant, nous **avions préparé** nos valises et on **avait chargé** la voiture. On **était** sur l'autoroute. Mon père **roulait** lentement parce qu'il **y avait** beaucoup de monde sur les routes. Il **était** impossible de rouler vite. Tout à coup, le chauffeur qui **était** dans la voiture devant nous **a freiné**. Mon père, lui aussi, **a dû** freiner. Heureusement, il **a pu** arrêter notre voiture. Nous **avons eu** de la chance! Nous **avons continué** notre voyage et ce soir-là, nous **sommes arrivés** chez nos amis qui nous **attendaient** déjà!

A5 Samedi matin, les Durand **iront** en ville. Mme Durand **fera** les courses pour le week-end. Elle **achètera** tout pour le repas de dimanche: ils **feront** une petite excursion à Tours. C'est pourquoi il **faudra** tout préparer pour le pique-nique. Après que Mme Durand **aura fait** ses courses, toute la famille **entrera** dans un petit restaurant au centre-ville. Quand ils **auront mangé**, ils **se rendront** à la maison. Ensuite, les parents **travailleront** le jardin et les enfants **regarderont** le nouveau film de Jean Reno. Le soir, Mme Durand **préparera** les sandwichs. Elle les **mettra** dans le frigo. Dimanche matin, ils **partiront** très tôt pour aller à Tours.

A6 1. Quand est-ce qu'elle **est** partie?
2. Nous **avons** été à la maison.
3. Vous **êtes** descendu**(e)s** à Draguignan? Vous y **êtes** resté**(e)s** longtemps? Qu'est-ce que vous **avez** fait là-bas?
4. Tu **as** vu la maison que mes parents **ont** construite?

A7 1. M. Dubois **traversait** la rue quand, tout à coup, une voiture noire **est arrivée.**
2. Quand j'**aurai fait** mes courses, j'**irai** à la piscine.
3. Le mercredi, il **allait** toujours au cinéma quand il **avait** tout **préparé**.

4. La semaine dernière, je **suis allé(e)** chez le médecin parce que j'**avais** mal à la tête.
5. Sabine **s'est levée** à sept heures. D'abord, elle **a bu** un thé, puis elle **a mangé** un pain au chocolat et enfin, elle **est allée** au travail.

3 Konditional

Ü1 1. tu dormiras – tu dormirais; 2. elles finiront – elles finiraient; 3. il aura – il aurait; 4. vous irez – vous iriez; 5. tu verras – tu verrais; 6. je serai – je serais; 7. il fera – il ferait

Ü2

infinitif	conditionnel présent	imparfait
préférer	je préfèrerais	je préférais
vouloir	ils voudraient	ils voulaient
pleuvoir	il pleuvrait	il pleuvait
falloir	il faudrait	il fallait
pouvoir	vous pourriez	vous pouviez
mettre	elles mettraient	elles mettaient
devoir	tu devrais	tu devais
perdre	elle perdrait	elle perdait
comprendre	nous comprendrions	nous comprenions
venir	ils viendraient	ils venaient
voir	tu verrais	tu voyais
ouvrir	j'ouvrirais	j'ouvrais

Ü3 il aurait fait
il serait allé
il serait resté
elle serait venue
vous auriez appelé
tu aurais écrit
vous auriez lu
nous serions arrivés
il aurait fallu
elles auraient cherché

Ü4

futur antérieur	conditionnel passé
nous serons arrivés (arriver)	il / elle / on aurait fini (finir)
il / elle / on aura trouvé (trouver)	vous auriez dû (devoir)
vous serez venues (venir)	elles seraient tombées (tomber)
tu seras restée (rester)	tu / j'aurais su (savoir)
tu auras écrit (écrire)	ils / elles auraient fait (faire)
il aura fallu (falloir)	tu / j'aurais lu (lire)
ils / elles auront voulu (vouloir)	nous aurions eu (avoir)
tu seras partie (partir)	
ils / elles auront pu (pouvoir)	
il / elle / on aura dit (dire)	
vous aurez pris (prendre)	

Ü5 tu aurais fait
elles seraient venues
elles auraient dormi
j'aurais vu
j'aurais lu
il aurait écrit
elle serait descendue
elle serait allée
tu aurais écouté
nous serions sorti(e)s

Ü6 1. höfliche Bitte, Aufforderung; 2. aus der Vergangenheit gesehene Zukunft; 3. Möglichkeit; 4. höfliche Bitte, Aufforderung; 5. Wunsch; 6. Bedingung; 7. Annahme, Vermutung; 8. Annahme, Vermutung; 9. Wunsch; 10. Annahme, Vermutung

Ü7 À ta place, ...
1. je dormirais la nuit.
2. je ne regarderais pas la télé toute la nuit.
3. je ne jouerais pas avec l'ordinateur jusqu'à minuit.
4. je mangerais une soupe légère et pas des frites à dix heures du soir.
5. je boirais une tisane le soir et pas du coca.

Ü8 1. Hast du vielleicht Salz für mich?
2. Könnten Sie / Könntet ihr mir wohl erklären, wo sich das „Maison Carrée" in Nîmes befindet?
3. Sind Sie etwa schon bereit abzureisen?
4. Hast du vielleicht Hunger?
5. Gérard Depardieu soll in diesem Theaterstück die Rolle des Galliers Obelix spielen.
6. An deiner Stelle würde ich keinen Alkohol trinken.
7. Ist es wohl möglich, dieses Kleid zu kaufen?

Ü9 1. Tu ferais cela pour moi?
2. L'acteur Christian Clavier viendrait à Stuttgart aujourd'hui.
3. Mes parents ne seraient pas contents de voir mes notes.
4. À ta place, je ferais mes devoirs.
5. Nous aimerions aller au cinéma ce soir. Mais Claudine doit travailler.
6. Tu m'attendrais?
7. Vous auriez peur?
8. Il a dit qu'il viendrait la semaine prochaine.
9. Ils racontent qu'ils iront en Italie pendant les vacances.
10. Monique aurait dû être à l'heure.

Ü10 **1.** möglich und wahrscheinlich
2. ganz unmöglich
3. möglich, aber unwahrscheinlich
4. möglich, aber unwahrscheinlich
5. ganz unmöglich

Ü11 **1.** Si nos parents **vont** à Berlin demain, nous **pourrons** faire une fête avec nos amis.
2. Si nos amis **préparent** la boum avec nous, on **aura** une soirée très agréable.
3. Si nous **faisons** un voyage au bord de la mer, nous **nous baignerons** souvent.
4. On **mangera** une glace s'il **fait** chaud.

Ü12 **2.** Je **serais** très triste si nous **quittions** notre petit village.
3. Chaque jour, je **devrais** aller à l'école sans mes amis si mes parents **décidaient** de quitter vraiment la campagne.
4. Mais si les vacances **arrivaient**, tous mes amis **viendraient** me voir!

Ü13 **1.** S'il fait beau demain, elle mangera une glace. **2.** Si Claude et Luc avaient eu le temps, ils auraient joué au tennis. **3.** Si nous étions en vacances d'été, nous visiterions la tour Eiffel.

Ü14 **1.** Si j'avais fait mes devoirs, j'aurais compris les problèmes de maths.
2. Si je n'étais pas sortie tous les après-midis, j'aurais appris les mots allemands.
3. Mes amis et moi, nous aurions pu travailler ensemble si j'avais voulu travailler.
4. Si je n'avais pas téléphoné pendant des heures à mes amies, j'aurais passé mon temps à travailler plus.
5. J'aurais quitté la maison avec mes amis si j'avais terminé mes devoirs.

Ü15 S'il avait fait beau, nous serions allés au parc. (plus-que-parfait / conditionnel passé: Typ III)
Si je faisais une fête, j'inviterais Jeanne. (imparfait / conditionnel présent: Typ II)
Si tu mangeais moins de frites, tu pourrais perdre des kilos. (imparfait / conditionnel présent: Typ II)
Si tu continues à faire des bêtises, le prof te donnera une punition. (présent / futur simple: Typ I)
Si Nicole passait cet après-midi, je lui rendrais ses CD. (imparfait / conditionnel présent: Typ II)

Ü16 **1.** Quand; **2.** Si; **3.** Si; **4.** S'; **5.** Quand

Ü17 **1.** Arbeitest du heute nicht? – Doch, ich arbeite den ganzen Tag. **2.** Wenn ich Zeit habe, werde ich einen Kriminalroman lesen. **3.** Er fragt mich immer, ob ich heute Nachmittag komme. **4.** Unsere Freunde haben uns gefragt, ob wir ein Schuljahr in Frankreich verbringen würden.

Ü18 *Paul:* Qu'est-ce que vous **auriez fait**, si vous **aviez** oublié de faire vos devoirs?
Nadine: Je le **dirais** au prof.
Claude: Moi, j'**aurais** pris le cahier de mon voisin ...
Étienne: Chut! Ce ne **serait** pas correct! Il **faudrait** dire la vérité au prof. Quand tu lui **dis** la vérité, il ne te **donne** pas de punition!

Check-up Kapitel 3

A1

conditionnel présent	conditionnel passé
il ferait	nous aurions pensé
vous trouveriez	elles auraient quitté
elle dormirait	vous seriez arrivés
tu serais	j'aurais cherché
ils enverraient	elle aurait bu

futur simple	imparfait
ils viendront	elle était
tu mangeras	ils finissaient
il descendra	elle sortait
	je buvais

A2 Si j'avais un ordinateur et l'internet, je téléchargerais des chansons de Mickey 3D.
Si tes amis avaient eu envie de t'accompagner, tu serais allé chez ta tante.
Si tes voisins te dérangeaient, il faudrait le dire au propriétaire.
Si Laurence avait participé au match de tennis, elle aurait peut-être gagné.

A3 **1.** Si tu **voulais**, on **visiterait** une exposition. **2.** S'il **faisait** beau, nous **irions** à la montagne et nous **ferions** un pique-nique.
3. S'il **pleuvait**, on **mangerait** au restaurant et on **regarderait** un film intéressant à la télé.

A4 Si je ne m'étais pas cassé la jambe ...
2. je **serais monté** à cheval. **3.** nous **aurions fait** un voyage en Amérique du Sud. **4.** mes copains et moi, nous **aurions passé** deux semaines dans une colonie de vacances. **5.** mes amis **ne seraient pas venus** me voir tous les jours. **6.** ma mère **n'aurait pas apporté** de glace.

A5 **1. Quand** les enfants des voisins **rentrent** du collège, ils **restent** toujours à l'entrée de l'immeuble et ils **font** beaucoup de bruit.
2. Quand leurs parents ne **sont** pas à la maison, ils **font** toujours la fête. **3. Si** ces jeunes **continuent** à faire des bêtises, je **parlerai** à leurs

parents. **4.** **Si** leurs parents **ne veulent pas** m'écouter, je **devrai** aller chez le propriétaire de l'immeuble. **5.** **Si** j'**avais su** que ces voisins étaient si difficiles, je **n'aurais pas pris** cet appartement et j'**aurais cherché** un autre appartement.

A6 **1.** Si j'avais le temps, j'apprendrais l'italien. **2.** Quand il pleut, mon chien Robby vient toujours à la maison. **3.** Si j'avais fait mes devoirs, le prof ne m'aurait pas donné la punition. **4.** Dans l'accident, il y aurait deux blessés.

4 Subjonctif

Ü1

chercher	ils cherchent	que tu cherches	qu'elles cherchent
partir	ils partent	que je parte	que nous partions
réfléchir	ils réfléchissent	qu'elles réfléchissent	qu'il réfléchisse
ouvrir	ils ouvrent	que vous ouvriez	que tu ouvres
attendre	ils attendent	qu'on attende	que vous attendiez
dire	ils disent	que nous disions	que je dise
écrire	ils écrivent	que tu écrives	que vous écriviez
lire	ils lisent	qu'elle lise	qu tu lises
se plaindre	ils se plaignent	qu'il se plaigne	que nous nous plaignions

Ü2 **1. Indikativ:** ils trouvent – ils réagissent – vous attendez – nous nous plaignons – tu applaudis – elles écrivent – elle sort – vous sortez – il lit – elle répond
2. Subjonctif: tu répondes – nous regardions – il lise – nous craignions – elle mette – tu choisisses – nous répondions – vous ouvriez – ils trouvent – ils réagissent – elles écrivent

Ü3 **1.** Il faut que tu **finisses** les devoirs, Antoine. **2.** Après, il faut que vous **rangiez** vos chambres. **3.** Il faut aussi que tu **arroses** les fleurs. Pauline. **4.** Il est nécessaire que vous **sortiez** avec le chien. **5.** Il faut que vous **rentriez** à l'heure car il faut aussi que tu **prépares** le repas du soir, Pauline.

Ü4 **1.** il boive; **2.** nous voyions; **3.** vous mangiez; **4.** il soit; **5.** je puisse; **6.** elle sache; **7.** nous prenions; **8.** tu doives; **9.** vous perdiez; **10.** elle attende; **11.** tu finisses; **12.** nous jetions; **13.** il ait; **14.** tu réagisses; **15.** ils mettent
Lösung: **moutarde de Dijon**

Ü5 **1.** ils viennent – nous venions; **2.** tu voies – ils voient; **3.** il prenne – vous preniez; **4.** je puisse – elles puissent; **5.** il soit – ils soient; **6.** tu achètes – nous achetions; 7. ils paient – vous payiez

Ü6 Die Formen lauten richtig:
1. elles viennent; **2.** il boive; **3.** il écrive; **4.** vous vouliez; **5.** ils veuillent; **6.** vous réfléchissiez

Ü7

Wunsch, Bitte, Vorschlag	**Notwendigkeit, Forderung**	**Persönliche Stellungnahme, Gefühl**
je voudrais que	nous voulons que	je suis triste que
il propose que	il est important que	elle trouve bon que
tu aimes mieux que	il faut que	elle a peur que
elle aimerait que	il est utile que	vous détestez que
il désire que		
il vaut mieux que		

Ü8 **1.** fasses; **2.** appreniez; **3.** sortes; **4.** soit; **5.** pleuve; **6.** achètes

Ü9 Die 3 falschen Sätze lauten verbessert:
1. On n'aime pas que vous **dormiez** jusqu'à midi.
2. Je préfère que vous **fassiez** vos devoirs. **6.** Luc est malheureux que nous **devions** partir.

Ü10 Lösungsvorschlag:
Il faut que vous travailliez.
Je suis contente qu'il ait de bonnes notes.
Nous préférons que tu prennes cet anorak.
Je suis triste qu'il soit en Allemagne et que Nadine soit en France.
Elle trouve bête que Pierre fasse toujours des bêtises.

Ü11 **1.** Je ne crois pas que le prof **écrive** un contrôle aujourd'hui. **2.** Nous trouvons qu'on nous **dit** la même chose. **3.** Elle ne pense pas que tu **sois** trop fatiguée. **4.** Si tu es d'avis que c'**est** correct, tu auras raison. **5.** Maman dit qu'elle **lira** un livre pendant les vacances.

Ü12 1. Nous n'aimons pas que tu **dormes** jusqu'à midi. 2. Nous ne voulons pas que tu **sortes** chaque soir avec tes copines. 3. On voudrait bien que toi et ton frère, vous **rangiez** vos chambres. 4. Nous désirons que tu nous **aides** à faire le ménage et que vous **fassiez** les courses pour nous. 5. Nous pensons qu'il **faut** que les enfants **veuillent** aider les parents. 6. Si vous pensez que nous n'**avons** pas raison, vous pouvez trouver une autre solution. 7. Vous ne croyez pas qu'il **faille** trouver une solution? 8. Fabienne dit: «Je trouve bête que vous nous **disiez** la même chose chaque jour.»

Ü13 1. Il vaut mieux que tu **prennes le train / le TGV** pour aller à Paris. 2. Je pense que tu **manges** trop de chocolat. 3. Je ne crois pas que ce **soit Annie Dubois**. 4. Nous voulons que vous **rangiez votre chambre.**

Ü14 1. Je veux que vous **respectiez** les règles pendant les cours. 2. Il faut que tous les élèves **ne fassent pas** de bêtises. 3. Je trouve bête que beaucoup d'élèves **écrivent** des lettres pendant mes cours. 4. Il est nécessaire que nous **ayons** des cours de maths agréables. 5. Il est important que vous **fassiez** vos devoirs à la maison, pas avant les cours. 6. Je déteste que vous **soyez** en retard chaque matin. 7. Comme ça, je pense qu'on **peut / pourra** travailler bien ensemble.

Ü15 1. Il faut que tu **aies** de(s) bonnes idées. 2. Nous préférons que vous **connaissiez** la route pour Brignoles. 3. Elle trouve que ce chanteur **est** super. 4. Il vaut mieux que vous **rentriez** à la maison. 5. Nous espérons qu'il **fera** beau demain.

Ü16 Chère Marie,
Christian, un élève de ma classe, a beaucoup de problèmes dans notre lycée parce qu'il fait toujours des bêtises: le prof défend que nous **parlions** pendant les cours d'allemand mais Christian trouve bizarre que le prof ne **soit** pas d'accord avec nous. Christian veut que nous **chantions** des chansons pour agacer le prof. Il propose que nous **fassions** beaucoup de bruit. Nous avons peur que le prof nous donne des punitions. Moi, je pense que Christian **est** très bête. Je désire que le prof **connaisse** toutes les bêtises de Christian. S'il ne change pas, je veux que Christian **doive** quitter notre classe. Je ne crois pas que nous **puissions** le changer. Il faut que nous nous en **sortions**. J'aimerais que vous, toi et ton frère, **puissiez** me donner un conseil. J'espère qu'on trouvera une solution. Tu me promets que tu me répondras vite?
À bientôt! Cordialement,
Christine

Ü17 1. Il est nécessaire que tu m'écoutes. 2. Je suis d'avis que Monique a une bonne solution. 3. Est-ce que tu crois que nous irons en France l'année prochaine? 4. Sabine aimerait que Pierre prenne des photos. 5. Nous proposons que vous nous montriez la maison maintenant. 6. Je voudrais que nous puissions apprendre beaucoup de langues à l'école. 7. Il espère qu'elle parlera couramment l'anglais. 8. Mathilde trouve ça bien que tu aies un portable. 9. Si tu penses qu'il pleuvra aujourd'hui, tu as tort. 10. Il veut que nous arrosions les fleurs.

Check-up Kapitel 4

A1

ils ont	ils aient	elles sont	elles soient
elle part	elle parte	je veux	je veuille
elles réfléchissent	elles réfléchissent	ils craignent	ils craignent
nous ouvrons	nous ouvrions	vous écrivez	vous écriviez
tu attends	tu attendes	je tiens	je tienne
je dis	je dise	nous buvons	nous buvions
elle écrit	elle écrive	tu sais	tu saches
nous lisons	nous lisions	il peut	il puisse
il se plaint	il se plaigne	il fait	il fasse

A2 1. Je voudrais que mes copines **viennent** me voir plus souvent. 2. J'aimerais que les professeurs **fassent** attention à leurs élèves. 3. Je pense que les élèves **peuvent** aussi aider les professeurs à faire des projets intéressants à l'école. 4. Je suis contente qu'on **apprenne** beaucoup à l'école. 5. J'espère que nous **passerons** les vacances en Angleterre. 6. Je désire qu'il **fasse** beau demain. 7. Mon frère et moi, nous aimerions bien qu'ils **fassent** une boum avec nos copains. 8. J'aimerais aussi que mes parents **achètent** un chien pour nous.

A3 1. Je désire qu'Annie **devienne** ma copine. 2. Elle pense que je **suis** amoureux de Christine. 3. J'aime bien que nous **allions** au cinéma de temps en temps. 4. Mes parents pensent que je **suis** triste parce que j'ai écrit une mauvaise note en latin. 5. Mais c'est triste que je ne **puisse** pas être le copain de ma chère Annie. 6. Mes amis trouvent que je **pense** trop à Annie et que j'**oublie** les rendez-vous avec eux. 7. J'ai toujours peur qu'Annie **ait** un autre ami et que je **doive** avoir une autre copine. **8.** Est-ce que tu penses qu'il **faille** trouver une autre amie?

A4 1. Je suis triste que mes amis se moquent de moi. 2. Mes parents ne veulent pas que je fasse trop de bêtises mais que j'apprenne bien à l'école. 3. Je déteste que ma copine se dispute toujours avec moi. 4. Nous voulons que vous vous mettiez d'accord et que vous ne vous disputiez plus. 5. Il est important que tu écoutes l'autre. 6. J'ai peur que le proviseur vienne aujourd'hui. 7. Tu espères qu'il fera beau demain. 8. Je trouve important qu'on pense aux autres. 9. Vous ne croyez pas qu'Eric vienne avec nous au cinéma ce soir. 10. Je suis content(e) que nous fassions une excursion dans les Vosges ce week-end.

5 Pronomen

Ü1 1. Il **lui / leur** donne la robe. 2. Carla Bruni, je **la** trouve extra! 3. Le foot **te** plaît, Pierre? 4. Donne-**moi** le livre. 5. Je **vous** montre la photo, Luc et Tim? 6. Tu **lui / leur** as téléphoné? 7. Vous allez **l'**acheter? 8. Les fleurs, je **les** adore. 9. Tu vas **l'**aider? 10. On **l'**ouvre. – Übrig bleibt: **le**.

Ü2 1. Oui, je **les lui** montre. 2. Non, nous ne **te la** donnons pas. 3. Oui, elle peut **nous / vous les** expliquer. 4. Non, elle ne **le lui** demandera pas plus tard. 5. Non, il ne **nous / vous l'**a pas envoyé. 6. Oui, elle **nous / vous le** présente. 7. Non, nous ne **la lui** racontons pas / je ne **la lui** raconte pas. 8. Non, elle ne **me l'**a pas écrite. 9. Oui, il va **les leur** offrir. 10. Oui, nous allons **vous / nous l'**acheter. 11. Non, ils ne **les leur** rendent pas. 12. Oui, elles **nous / vous** présentent **à lui**.

Ü3 1. Marie ne veut jamais nous **l'**expliquer. 2. M. Leclerc va me **les** vendre. 3. Tu **la leur** as achetée la semaine dernière. 4. Elles ne **le lui** ont jamais raconté.

Ü4 1. Est-ce que tu veux offrir les CD aux enfants? – Non, je ne veux pas **les leur** offrir. 2. Est-ce que vous avez montré vos nouvelles robes / vos nouveaux vêtements à vos amis? – Oui, nous **les leur** avons montrées / montrés. 3. Ne **le lui** donne pas, donne-**le-moi**. 4. Je peux me couper les cheveux mais tu **te les** fais toujours couper. 5. Je **les** entends arriver. 6. Est-ce que vous avez lu les histoires à votre frère? – Non, nous ne **les lui** avons pas encore lues mais nous allons **les lui** raconter ce soir. 7. Le professeur **le** fait travailler. Il ne **le** laisse pas dormir pendant les cours. 8. Est-ce que tu peux me présenter à votre ami Luc? – Oui, je peux **te** présenter **à lui.**

Ü5 1. Il n'**en** parle pas. 2. Maman ne veut pas **y** aller. 3. Pierre **en** a acheté. 4. Vous **y** pensez. 5. Vous **en** avez deux. 6. Elles **en** ont beaucoup. 7. Nous n'allons pas **en** prendre. 8. La souris s'**y** trouve.

Ü6 1. Oui, nous **en** avons acheté. 2. Oui, il **y en** a encore (trois). 3. Non, elle n'**en** a pas beaucoup. 4. Oui, j'**y** pense. 5. Non, je n'**en** ai pas encore acheté. / Non, nous n'**en** avons pas encore acheté.

Ü7 1. Oui, il **leur** plaît beaucoup. 2. Oui, ils **y** vont très souvent. 3. Le garçon **l'**apporte aux clients? 4. Le garçon **la leur** apporte tout de suite. 5. Non, je ne **le** prends pas. 6. Oui, je **l'**aime. Du poisson, j'**en** mange souvent. 7. Désolé, il n'**y en a** plus. 8. Oui, j'**en** veux bien. 9. Oui, nous **en** prenons deux. – Oui, on **en** a beaucoup. 10. Oui, je **le** prends avec plaisir.

Ü8 Est-ce qu'il y a encore du pain? – Non, il n'**y en** a plus. Est-ce qu'il y a encore des tomates? – Oui, il **y en** a encore **deux.**
Est-ce que vous **leur** avez montré des magasins en ville? – Non, nous ne **leur en** avons pas encore montré mais nous allons **y** aller demain.
Je pense toujours au week-end. – Moi aussi, j'**y** pense souvent.
Est-ce que vous pensez souvent à vos amis en France? – Oui, nous pensons **à eux** chaque jour.

Ü9 2. L'animal **qui** garde les vaches et les moutons, c'est **un chien**. 3. C'est une chose **où** on met les vêtements. C'est **une armoire**. 4. C'est une personne **qu'**on voit à l'école et **qui** donne des cours aux élèves. C'est un **professeur**. 5. C'est une chose **où** on met tout pour le pique-nique et **qu'**on prend quand on fait des randonnées. C'est **un sac à dos**. 6. C'est une grande voiture **qu'**il faut prendre pour aller à l'école quand on habite loin de l'école. C'est **un bus**.

Ü10 1. Cette fille **dont** je connais les copines est très aimable. 2. Tu as entendu la chanson **que** je connais par cœur. 3. Voilà le collège dans **lequel** nous avons passé notre vie scolaire. 4. C'est Sabine à **qui** Monique a offert un thé. 5. Vous avez rencontré les dames parmi **lesquelles** se trouvait ma tante.
Sprichwort: **Tout est bien qui finit bien.** (Ende gut, alles gut.)

Ü11 1. C'est ma correspondante Nathalie **dont** je connais les parents. 2. Tu as vu ces enfants **que** j'ai rencontrés à Brignoles? 3. Ce sont Lisa et Véronique **à qui** nous avons offert une limonade.

4. Voilà le bistrot de Pierre **où / dans lequel** Monique travaille. 5. Vous voyez la tour **sur laquelle / où** j'ai passé des heures.

Ü12 1. Tu connais le train **avec lequel** on peut aller très vite à Paris? – C'est le TGV. 2. Quelle est la ville **dont** on connaît le Théâtre Romain? – C'est Nîmes / Arles. 3. Quel est le plat **qu**'on mange après le dessert? – C'est le fromage. 4. Quelles sont les régions entre **lesquelles** se trouve la Lorraine? – Ce sont l'Alsace et la Champagne. 5. Tu as déjà vu la ville dans le sud de la France **où** on fabrique l'Airbus? – C'est Toulouse.

Ü13 1. Dis-moi **ce que** tu feras ce soir. 2. Voilà la forêt **dans laquelle / où** il y a beaucoup de touristes. 3. C'est le magasin **dont** Fabienne m'a parlé. 4. Nous regardons un film **que** mes frères n'aiment pas du tout. 5. C'est le musée **auquel** je pense tout le temps.

Ü14 1. Je sais **ce qui** te plaît. 2. Dites-nous **ce que** vous pensez. 3. Voilà les livres **sans lesquels** je ne peux pas finir / terminer mon travail. 4. Nous avons rencontré votre frère **dont** nous avons fait la connaissance chez Luc. 5. Est-ce que tu as trouvé les cahiers **dont** tu as besoin?

Ü15 1. Vous croyez **toute l'histoire**? 2. Tu as **tout** oublié? 3. **Chaque jour**, je vais au travail. 4. Répète **chaque verbe** ... 5. Nous avons dormi **toute la journée**. 6. Tu as acheté **tous** les cadeaux de Noël? 7. **Tout** avocat doit ... **Chaque** avocat de ce cabinet ... 8. **Chacun** pour soi et Dieu pour **tous**. 9. **Chacun** de nos amis ... 10. **Toutes** sont venues pour me revoir.

Ü16 1. Il parlait de sa femme **tout** le temps. 2. Nous avons bu **toute** cette limonade. 3. Tu as besoin de **quelque chose**? 4. Depuis **quelque** temps, il vit à Paris. 5. C'est **autre** chose. 6. **Tous** nos oncles sont arrivés. 7. Où sont **les autres** visiteurs du musée? 8. Vous avez vu **d'autres** chats?

Ü17 1. Ils comprennent **tout le livre** (f).
2. **Chaque élève** (r) a écrit le contrôle de maths.
3. **Quelques amis** (a) m'ont rendu un service.
4. J'ai trouvé **différentes solutions** (n). 5. Si tu continues à fâcher **les autres enfants** (c), les parents **des autres enfants** (e) ne seront pas contents.
Lösungswort: **France**

Ü18 1. On **n'**a rien trouvé. 2. J'ai **d'**autres idées. 3. Elle a fait **la même chose**. 4. Personne **ne** m'a accompagné au collège. 5. **Chacun** est arrivé. 6. **Plusieurs** souris sont dans la cave. 7. Il dit toujours **n'**importe quoi. 8. **Tout le** monde vient chez moi.

Ü19 1. Est-ce que **toutes tes** sœurs sont venues pour ton anniversaire? – Oui, **chacune** est venue. 2. Il **ne** te donnera **aucune** réponse. 3. Je n'aime pas que tu parles à **n'importe qui**. 4. **Certains** dépensent trop d'argent, **d'autres** épargnent **tout** leur argent. 5. Il me faut encore **quelque temps**. 6. Je l'ai vu il y a **quelque temps**. 7. À l'école, il y avait **quelques** professeurs. 8. Tu as appris **quelque chose** aujourd'hui? – Non, je **n'ai rien** appris, j'ai **tout** rangé. 9. **Tout** homme doit travailler. – **Chaque** élève a bien travaillé.

Ü20 1. **ces** jupes – **ce** magasin de mode – **Celles**-ci ou **celles**-là – **Celles** qui; 2. **cet** homme – **celui** qui – **celui** dont; 3. sur **celle** de; 4. **celle** qui; 5. tous **ces** journaux – **ceux** qui

Ü21 1. Prenez **celui** de Pierre. Mettez **ceux** de Martine. 2. Qu'est-ce que tu veux? **Celles-ci** ou **celles-là**? 3. Qui sont **celles** qui regardent les photos? 4. Voilà **ceux** dont je parle souvent. 5. Pierre m'a raconté **cela / ça**.

Ü22 1. Je vais vous raconter **ceci** ... 2. Qui sont **ces** deux hommes? Ce sont **ceux qui** vont réparer ma voiture. 3. Quel jeu est-ce que tu prends? **Celui-ci** ou **celui-là**? – Je prends **celui qui** est sur la table. 4. Si tu n'a pas de voiture, prends **celle** de ton frère. 5. Ce sont **ceux dont** tu as besoin?

Check-up Kapitel 5

A1 1. Oui, j'**en** viens. 2. Non, nous n'**y** dormons pas. 3. Oui, elle **les** a vus. 4. Non, elle ne **leur** a pas donné les disques. 5. Oui, je **lui** ai déjà téléphoné. Übrig bleibt ***leurs***, weil es ein Possessivbegleiter der 3. Pers. Pl. ist.

A2 1. Oui, je **la lui** ai montrée.
2. Non, nous ne **lui en** avons pas parlé / je ne **lui en** ai pas parlé.
3. Oui, elle veut **nous les** offrir.
4. Non, ils ne **les leur** ont pas lues.
5. Non, il n'**y en** a plus.

A3 Die falschen Sätze lauten richtig:
1. Je **leur en** offre avec plaisir.
2. Je vais **y** aller demain.
4. Vous pouvez **me le** dire? – Non, je ne peux pas **te le** dire.

A4 Vous allez m'en donner.
Elle ne me l'a pas présentée.
Vous le faites travailler.
Donnez-le-moi.

LÖSUNGEN

A5 **1.** Voilà la rue **où / dans laquelle** tu trouves un musée d'art moderne. **2.** Tu vois cette maison à côté **de laquelle** je vais attendre Luc? **3.** C'est Ludivine **à qui** Pierre a raconté une histoire.
4. Il a acheté une voiture **dont** il parle beaucoup.
5. Voilà des caméras **avec lesquelles** je filme.

A6 **1.** C'est la dame **à qui** nous avons expliqué le chemin de la gare.
2. C'est le voyage **dont** je rêve depuis longtemps.
3. Je te présente une fille **que** nous avons rencontré**e** hier.
4. Vous voyez les jeunes gens parmi **lesquels** est assis Michel.
5. Le théâtre dans **lequel** j'ai vu la comédie est très grand.
Es bleiben übrig: où, qui.

A7 **1. Tout**; **2. Chacun – toute** une baguette; **3. d'autres** professeurs – **les autres** élèves; **4. Plusieurs** musiciens; **5. quelques** fruits – je n'ai **rien** trouvé; **6. Celles-ci** ou **celles-là**? **7. celui** de Pierre – **celles** que; **8. tout le** temps; **9. Tous les** spectateurs – **chaque** soir
Es bleiben übrig: cela, quelqu'un, ceux-là.

A8 **1.** Est-ce que vous voulez donner les livres à vos amis? – Non, nous ne voulons pas **les leur** donner.
2. Est-ce que tu as montré cette jupe à ta mère? – Non, je ne **la lui** ai pas encore montré**e**.
3. Ne **le lui** demandez pas. Demandez-**le-nous.**
4. Nous **le** voyons jouer.
5. Ils vont **le lui** raconter / Ils **le lui** raconteront demain.
6. Nous allons **vous la** présenter. / Nous vous **la** présenterons.
7. Est-ce qu'il y a encore du café? – Non, il n'**y en** a plus. Est-ce qu'il **y** a encore des croissants? – Oui, il **y en** a encore beaucoup.

6 Adverbien

Ü1 **1.** longuement; **2.** sérieusement; **3.** gravement; **4.** évidemment; **5.** vraiment; **6.** calmement; **7.** sûrement; **8.** hautement; **9.** bizarrement; **10.** lentement

Ü2 **1.** dangereusement (2); **2.** joliment (1); **3.** différemment (1); **4.** énormément (3); **5.** méchamment (6); **6.** complètement (4); **7.** gratuitement (3)
À Paris, il y a **20** arrondissements.

Ü3 **1.** S'il fait **beau** et si vous travaillez **bien**, nous ferons une excursion **intéressante**.
2. Je suis **triste**. Depuis hier, j'ai mal à la tête: je suis **vraiment** malade. C'est **pratiquement** impossible de dormir. Aujourd'hui, ça va très **mal**. J'espère que ça ira **mieux** demain.

Ü4 **1.** Elle chante toujours **juste**.
2. Nous avons travaillé très **dur**.
3. Le gâteau sent **bon**. Tu fais **bien** la cuisine.
4. Pour arriver à la gare, il faut aller tout **droit**.

Ü5 **1.** Sabine est **sûrement** heureuse de me rendre visite.
2. Mes frères sont **complètement** surpris.
3. Hier, Luc nous a téléphoné. / Luc nous a téléphoné **hier**.
4. Lisa parle **très** vite.
5. Tu as **bien** dormi?
6. En avril, il pleut **beaucoup**.

Ü6 **1. À l'école**, nous apprenons beaucoup. / Nous apprenons beaucoup **à l'école**.
2. Après le cinéma, elle est rentrée **tard.** / Elle est rentrée **tard après le cinéma**.
3. Heureusement, nous avons gagné beaucoup d'argent.
4. Béatrice mange **toujours** du chocolat.
5. Le train va **sûrement** arriver à l'heure. / Le train va arriver **sûrement** à l'heure. / Le train arrivera **sûrement** à l'heure.

Ü7 Die verbesserten Sätze:
3. Heureusement, j'ai **complètement** fait / j'ai fait **complètement** mes devoirs hier.
4. Vous parlez **vraiment** trop **rapidement**.

Ü8

sérieux (+)	plus sérieusement que	le plus sérieusement
rapide (+)	plus rapidement que	le plus rapidement
poli (–)	moins poliment que	le moins poliment
doux (–)	moins doucement que	le moins doucement
heureux (+)	plus heureusement que	le plus heureusement

Ü9 **1.** Nous arriverons **plus tard que** vous.
2. À l'école, Nathalie parle **le mieux** l'allemand.
3. Mes amis comprennent **moins lentement que** Luc.
4. Dans notre classe, Sabine apprend **le moins**.
5. Sabine fait ses devoirs **aussi vite que** Luc.
6. Julien **ne** chante **pas aussi bien que** David.

Check-up Kapitel 6

A1

Adjektiv	Adverb	Komparativ / Superlativ
régulier (+)	régulièrement	plus régulièrement que
étroit (–)	étroitement	moins étroitement que
malheureux (+)	malheureusement	plus malheureusement que
méchant (– –)	méchamment	le moins méchamment
constant (+)	constamment	plus constamment que
précis (++)	précisément	le plus précisément
bon (+)	bien	mieux que

A2 1. Pour nous, les devoirs d'anglais étaient **faciles / clairs**. 2. Sylvain n'est pas là. Il est **sûrement** malade. 3. Si vous achetez ces deux livres, vous aurez ce livre-là **gratuitement**. 4. **Malheureusement**, il n'est pas venu pour fêter mon anniversaire. 5. Claudine, tu n'es pas **gentille**. Réponds-moi **gentiment**. 6. La solution du problème est **claire / facile**. 7. Mon voisin veut tout savoir. Il écoute **curieusement** derrière sa porte. 8. Sabine est une **bonne** élève. Elle travaille très **bien**. 9. Le TGV est un train très **rapide**. Il roule très **rapidement**.

A3 **Hier**, M. Dubois a eu un accident de voiture. **Malheureusement**, le chauffeur d'une autre voiture n'avait pas vu la voiture de M.Dubois. **Heureusement**, personne n'est blessé. **Demain**, M. Dubois doit aller chez le médecin / M. Dubois doit aller chez le médecin **demain** pour se faire soigner. **Évidemment**, l'autre chauffeur doit payer. / L'autre chauffeur doit payer **évidemment**.

A4 1. Elles parlent très bien l'allemand.
2. Les enfants ont dormi tranquillement.
3. Les professeurs expliquent clairement les problèmes aux élèves.

A5 1. Lisa lit **plus souvent** des livres **que** Nadine. 2. Lisa fait **moins vite** ses devoirs **que** Nadine. 3. Lisa sort **moins que** Nadine. 4. Lisa prépare **mieux** les repas du soir **que** Nadine.

A6 1. Cette année, Luc a beaucoup travaillé. / Luc a beaucoup travaillé cette année.
2. Les amis de Nicole vont peut-être venir / viendront peut-être pendant les vacances d'été.
3. Christophe a trop souvent joué à / avec l'ordinateur.
4. Mes élèves ont vite / rapidement compris les problèmes de maths.
5. Je partirai demain.
6. Ludo joue mieux de la guitare que Magali.
7. Louis salue aussi gentiment que Paul.
8. Elle rentre à la maison le plus vite possible.
9. Le matin, ma mère se lève plus tôt que mon père. / Ma mère se lève plus tôt que mon père le matin.

7 Satzarten

Ü1 ***est-ce que*-Frage:** Pourquoi est-ce que vous habitez ici? – Quand est-ce que tu arrives à la gare?
Intonationsfrage: Tu habites où? – Tu viens?
Inversionsfrage: A-t-il lu le journal? – D'où viennent-ils?
absolute Frage: Lisa raconte-t-elle une histoire? – Ton père travaille-t-il dans une usine?

Ü2 1. Pourquoi est-ce qu'elle ne vient pas?
2. Où est-ce que vous êtes allés hier?
3. Qui est-ce qu'il a rencontré ce matin?
4. Qu'est-ce que maman a dit?
5. Combien de jupes est-ce que Sabine achète?

Ü3 1. Vous passez vos vacances où? – Où est-ce que vous passez vos vacances?
2. Tu y vas avec qui? – Avec qui est-ce que tu y vas?
3. Vous partirez quand? – Quand est-ce que vous partirez?
4. Vous y passerez combien de temps / semaines? – Combien de temps / semaines est-ce que vous y passerez?
5. Vous y allez comment? – Qu'est-ce que vous allez prendre pour y aller? / Comment est-ce que vous allez y aller?

Ü4 1. Où habites-tu? 2. À quoi penses-tu? 3. As-tu un frère? 4. Quand vas-tu au café?

Ü5 1. De quoi Nicole parle-t-elle toujours? 2. Avec qui Christophe part-il? 3. Pourquoi tes copains n'ont-ils pas répondu à la lettre? 4. Quand ces dames sont-elles rentrées à la maison? 5. Qui les journalistes intervieweront-ils?

Ü6 1. À qui écris-tu la lettre? (L) 2. D'où est-ce qu'il vient? (Y) 3. Avec qui Pierre part-il aujourd'hui? (O) 4. Comment Sabine a-t-elle trouvé son travail? (N)
Lösungswort: **Lyon**

Ü7 **1.** À qui est-ce que vous racontez une histoire? – À qui racontez-vous une histoire?
2. Où est-ce que Lisa travaille? – Où Lisa travaille-t-elle? – Où travaille Lisa?
3. Pour qui est-ce que tu as fait ce gâteau? – Pour qui as-tu fait ce gâteau?
4. Quand est-ce que tes parents rentrent à la maison? – Quand tes parents rentrent-ils à la maison?
5. Est-ce que l'école commence à huit heures? – L'école commence-t-elle à huit heures?
6. Que fait Madeleine? – Qu'est-ce que Madeleine fait?
7. Où vont Paul et Élodie? – Où est-ce que Paul et Élodie vont? – Où Paul et Élodie vont-ils?
8. Où sont les livres?
9. De quoi est-ce qu'Arthur a parlé? – De quoi Arthur a-t-il parlé?
10. Est-ce que tu es content(e)? – Es-tu content(e)?
11. Est-ce que tu aimes aller à l'école? – Aimes-tu aller à l'école?
12. Qu'est-ce qui te plaît? Qu'est-ce que tu as dit?

Ü8 Präposition ***à:*** commencer – continuer – réussir – s'habituer
Präposition ***de:*** essayer – proposer – avoir envie – avoir besoin – être en train – finir – demander
Präposition ***par:*** commencer – finir
ohne Präposition: adorer – pouvoir – il faut – oser – laisser – savoir

Ü9 **1.** Elle a réussi **à** passer l'examen.
2. Il faut ranger l'appartement.
3. Il est interdit **de** marcher sur la pelouse.
4. J'adore passer mes vacances ici.
5. Elle est en train **d'**écrire un e-mail.
6. Marc préfère rester à Paris.
7. Ils ont toujours commencé **à** chanter.
8. J'essaie **de** monter à cheval.
9. Tu as besoin **de** faire les courses.
10. Luc demande à son père **de** l'aider.

Ü10 **1.** Pour; **2.** sans; **3.** sans; **4.** pour; **5.** sans

Ü11 **2. Pour gagner** beaucoup d'argent, il cherche un autre travail. **3.** Ils quittent la maison **sans prendre** leurs valises. **4.** Sabine quitte la maison très tôt **pour ne pas être** en retard. **5.** Nous entrons dans le salon **sans déranger** nos parents. 6. Je lis le journal tous les jours **pour m'informer.**

Ü12 **2.** Après avoir pris le petit-déjeuner, elle va au collège. – Avant d'aller au collège, elle prend le petit-déjeuner.
3. Après être allée au collège, elle écrit un contrôle de maths. – Avant d'écrire un contrôle de maths, elle va au collège.
4. Après avoir écrit le contrôle de maths, elle fait une pause / elle mange une tartine. – Avant de faire une pause / Avant de manger une tartine, elle écrit un contrôle de maths.

Ü13 **1.** Nathalie va en Italie pour mieux apprendre l'italien.
2. Après avoir acheté une baguette à la boulangerie, M. Fabre va à la librairie pour chercher un roman policier.
3. Avant de nous promener sur les Champs-Élysées, nous montons à la tour Eiffel.
4. Dans la salle de bains, elle commence par prendre une douche et finit par se brosser les dents.
5. Luc vient d'arriver. Nous sommes en train de lui préparer un repas.

Ü14 **2.** quand (ohne *est-ce que*); **3.** ce qui; **4.** pourquoi (ohne *est-ce que*); **5.** qui; **6.** d'arrêter; **7.** s'il; **8.** que; **9.** de répondre; **10.** si (ohne *est-ce que*)

Ü15 **1.** Elle répond: «<u>J'ai</u> rangé <u>ma</u> chambre.» – Elle répond qu'elle a rangé sa chambre. – Elle a répondu qu'elle avait rangé sa chambre.
2. Il demande: «<u>Tu viens</u>, Luc?» – Il demande à Luc s'il vient. – Il a demandé s'il venait.
3. Lisa demande: «<u>Qu'est-ce qu</u>'il en pense?» – Lisa demande ce qu'il en pense. – Lisa a demandé ce qu'il en pensait.
4. Il nous dit: «<u>Prenez vos</u> livres.» – Il nous dit de prendre nos livres. – Il nous a dit de prendre nos livres.
5. Marc raconte: «<u>Nous partirons</u> plus tôt.» – Marc raconte qu'ils partiront plus tôt. – Marc a raconté qu'ils partiraient plus tôt.
6. Je lui dis: «<u>Dis-moi</u> la vérité.» – Je lui dis de me dire la vérité. – Je lui ai dit de me dire la vérité.
7. Elles ajoutent: «<u>Ta</u> maison <u>nous</u> plaît.» – Elles ajoutent que sa maison leur plaît. – Elles ont ajouté que sa maison leur plaisait.
8. Elle demande à Elsa: «<u>Tu habites</u> où?» – Elle demande à Elsa où elle habite. – Elle a demandé à Elsa où elle habitait.

Ü16 **1.** Lisa a dit qu'elle aurait une chambre à côté de sa corres. **2.** Gilbert a dit qu'on allait manger dans un restaurant. **3.** Claude a dit qu'il avait beaucoup de cadeaux pour la famille. **4.** Jean a dit qu'il avait apporté son petit lecteur DVD. **5.** Céline a dit qu'elle aimerait sortir chaque soir.

Ü17 **1.** Sarah: «Je t'ai demandé ce que vous aviez visité à Tournon.» **2.** Sarah: «Je t'ai demandé pourquoi tu ne me téléphonais jamais.»

3. Sarah: «Je t'ai demandé s'il faisait beau.»
4. Sarah: «Je t'ai dit que Patrick m'avait écrit une lettre et que je lui rendrais visite une semaine plus tard / dans une semaine.»

Ü18 1. Maurice m'a raconté qu'il avait attendu longtemps à la gare ce soir-là.
2. Sabine voulait savoir si nous ferions une promenade avec elle.
3. Nous n'avons pas compris pourquoi elle n'était pas heureuse.
4. Nicole nous avait répondu qu'elle avait vendu sa voiture deux semaines plus tôt.

Ü19

Infinitiv	participe présent	Infinitiv	gérondif
essayer	essayant	finir	en finissant
ouvrir	ouvrant	dormir	en dormant
être	étant	prendre	en prenant
perdre	perdant	appeler	en appelant
avoir	ayant	recevoir	en recevant
aller	allant	faire	en faisant
savoir	sachant	vouloir	en voulant

Ü20 1. Pauline s'est acheté un ordinateur **ayant** assez d'argent.
2. Vous voyez la dame **étant** à la boulangerie?
3. **M'intéressant** à la politique, je regarde toujours le journal télévisé. 4. Tu connais ce monsieur **traversant** la rue?

Ü21 1. *Gérondif* nicht möglich, da das Subjekt nicht übereinstimmt: S'**il** pleut, **je** resterai à la maison.
2. Il boit du café **en travaillant**.
3. (Tout) **En étant** très riche il n'est pas content.
4. *Gérondif* nicht möglich, da das Subjekt nicht übereinstimmt: Quand **Lisa** arrivera, **je** vous téléphonerai.

Ü22 1. Je cherche un étudiant **apprenant** l'espagnol.
2. (Tout) **En ayant** faim, nous n'avons rien mangé.
3. **Ayant** peu d'argent, elle ne part pas en vacances.
4. **En m'accompagnant**, tu verras enfin ma nouvelle maison.
5. Pierre rêve toujours **en dormant.**
6. **Lisant** des livres italiens, elle perfectionne son italien.

Check-up Kapitel 7

A1 Qu'est-ce que tu dis?
Pourquoi Patrick a-t-il répondu à cette lettre?
Qui est venu?
Comment trouves-tu Fabienne?
Quand est-ce que vous arrivez?

A2 1. Quand / À quelle heure est-ce que vous êtes arrivés à la maison? – Quand / À quelle heure êtes-vous arrivés à la maison?
2. Qui a rangé toute la maison? (*Qui* ist Subjekt des Fragesatzes, daher keine Inversion.)
3. Qu'est-ce que tu as / vous avez lu? (Keine Inversion nach *que*, nur bei kurzen Fragen mit Substantiv als Subjekt.)
4. Où est-ce qu'elle passera une semaine? – Où passera-t-elle une semaine?
5. Qu'est-ce qu'elle avait acheté? (Vgl. Satz 3.)

A3 1. Où son père travaille-t-il?
2. Quand ses parents quittent-ils la maison le matin?
3. Pour qui Claudine a-t-elle réservé la table au restaurant?
4. Qui le journaliste a-t-il interviewé?
5. Pourquoi Céline n'a-t-elle pas répondu à mon e-mail?

A4 1. Les élèves disent qu'ils ont trop de devoirs. 2. Le prof a annoncé aux élèves qu'ils allaient écrire un contrôle. 3. Marie raconte que le prof ne leur a jamais expliqué les problèmes de maths. 4. Pierre a déclaré que, le lendemain, ils feraient une excursion à la campagne.

A5 1. Elle nous a demandé si nous lui donnerions nos BD. 2. Ils leur disent de ne pas oublier de mettre leurs casques. 3. Il lui a demandé ce qu'il avait fait. 4. Il lui disait qu'il n'avait pas compris les devoirs de maths. 5. Elle lui a raconté qu'elle aimerait faire un voyage en Égypte.

A6 1. Le speaker a demandé quand on avait construit la tour Eiffel: 1889.
2. Le speaker a demandé où on fabriquait le fromage «Le Roquefort»: en Auvergne.
3. Le speaker a demandé quelle ville n'était pas au bord de la mer: Reims.
4. Le speaker a demandé ce que c'était Versailles: un château.
5. Le speaker a demandé qui n'avait jamais été président de la République française: Jean Reno

A7 Les Durand viennent **de** s'acheter une maison près de Paris. Ils commencent tout de suite **à** préparer le déménagement: M. Durand est en train **de** chercher des cartons, les enfants essaient **de** ranger leurs affaires et Mme Durand est contente **de** pouvoir (–) téléphoner à une entreprise **pour** trouver un camion. Elle préfère (–) prendre un camion très grand. Elle réussit **à** en trouver un. «Allez, les enfants! N'oubliez pas **de** remplir tous les cartons. Il faut (–) travailler **sans** se reposer. On n'a pas le temps! Bientôt, nous pourrons (–) habiter dans une belle maison avec jardin!

A8 **1.** Lisa a quitté la maison de ses parents sans dire au revoir. **2.** Étienne travaille toujours beaucoup pour l'école pour passer le bac sans difficultés. **3.** Pour ouvrir une bouteille de vin, Annie prend un ouvre-bouteille. **4.** Après être allés au Louvre, nous nous sommes promenés aux Tuileries. / Avant de nous promener aux Tuileries, nous sommes allés au Louvre. **5.** Après avoir mis ses lunettes de soleil, Patrick est allé à la piscine. / Avant d'aller à la piscine, Patrick a mis ses lunettes de soleil.

A9 **1. N'ayant pas trouvé** de travail, il a continué à chercher. **2. En prenant** la voiture, tu arriveras plus vite à la gare. **3.** Keine Subjektsgleichheit: Si **tu** veux faire une promenade, **j'**arrive tout de suite et **je** t'accompagne. **4.** Elle a trouvé un étudiant **sachant** travailler avec l'ordinateur. **5.** Il est parti **en riant.**

A10 **1.** Dis-moi ce que tu fais et ce qui te vient à l'esprit.
2. Il voulait savoir si elle aimait voyager, ce qui lui plaisait et de quoi elle n'aimait pas parler.
3. Après avoir vu la pièce de théâtre, nous sommes allés au café pour en discuter un peu.
4. (Tout) En gagnant beaucoup, elle déteste (n'aime pas du tout) faire les courses.
5. Aimant les films de Jean Reno, ils / elles regardent son nouveau film au cinéma. (Comme ils aiment les films de Jean Reno ...)

Das 3-fach-Prinzip für bessere Noten

Die Lernhilfenreihe „Einfach klasse in“ für die 5. bis 10. Klasse überzeugt durch ihren besonderen Aufbau:

- Übersichtlich strukturiert in die drei Lernbausteine **Wissen – Üben – Testen**
- Alle wichtigen Lernbereiche einer Klassenstufe in einem Band zusammengefasst
- Mit persönlichem Klassenarbeitsplaner
- Nach den neuesten Bildungsplänen der Bundesländer entwickelt

DEUTSCH

Einfach klasse in
Deutsch 5. Klasse
ISBN 978-3-411-72151-1

Einfach klasse in
Deutsch 6. Klasse
ISBN 978-3-411-72161-0

Einfach klasse in
Deutsch 7. Klasse
ISBN 978-3-411-72251-8

Einfach klasse in
Deutsch 8. Klasse
ISBN 978-3-411-72261-7

Einfach klasse in
Deutsch 9. Klasse
ISBN 978-3-411-72411-6

Einfach klasse in
Deutsch 10. Klasse
ISBN 978-3-411-72421-5

ENGLISCH

Einfach klasse in
Englisch 5. Klasse
ISBN 978-3-411-72131-3

Einfach klasse in
Englisch 6. Klasse
ISBN 978-3-411-72141-2

Einfach klasse in
Englisch 7. Klasse
ISBN 978-3-411-72271-6

Einfach klasse in
Englisch 8. Klasse
ISBN 978-3-411-72281-5

Einfach klasse in
Englisch 9. Klasse
ISBN 978-3-411-72591-5

Einfach klasse in
Englisch 10. Klasse
ISBN 978-3-411-72601-1

MATHEMATIK

Einfach klasse in
Mathematik 5. Klasse
ISBN 978-3-411-72171-9

Einfach klasse in
Mathematik 6. Klasse
ISBN 978-3-411-72181-8

Einfach klasse in
Mathematik 7. Klasse
ISBN 978-3-411-72431-4

Einfach klasse in
Mathematik 8. Klasse
ISBN 978-3-411-72441-3

Einfach klasse in
Mathematik 9. Klasse
ISBN 978-3-411-72571-7

Einfach klasse in
Mathematik 10. Klasse
ISBN 978-3-411-72581-6

FRANZÖSISCH

Einfach klasse in
Französisch 1. Lernjahr
ISBN 978-3-411-72741-4

Einfach klasse in
Französisch 2. Lernjahr
ISBN 978-3-411-72751-3

Einfach klasse in
Französisch 3./4. Lernjahr
ISBN 978-3-411-72821-3

LATEIN

Einfach klasse in
Latein 1. Lernjahr
ISBN 978-3-411-72721-6

Einfach klasse in
Latein 2. Lernjahr
ISBN 978-3-411-72731-5

Einfach klasse in
Latein 3./4. Lernjahr
ISBN 978-3-411-72811-4

Jeder Band:
128 Seiten. Kartoniert,
mit Umschlagklappen

Wie gefällt dir dieses Buch? Sag uns deine Meinung unter: **www.schuelerlexikon.de/meinung**

Stichwortfinder